追獵死亡商人

從一個中國軍火商窺探全球武器黑市的祕密

Die Jagd auf das chinesische Phantom

Der gefährlichste Waffenhändler der Welt oder Die Ohnmacht des Westens

巴斯提昂・歐伯邁爾 Bastian Obermayer
弗雷德瑞克・歐伯麥爾 Frederik Obermaier
菲利普・居爾 Philipp Grull
顧思福 Christoph Giesen——著

顏涵銳——譯

目錄

前言

午夜過後不久，載著影子軍團的飛機降落在跑道上。基於安全考量，機上的將軍搭乘的是普通客機；另外，跟往常一樣，登機名單上所用的也不是真名，隨同搭機的影子戰士也一樣使用假名。只是他沒想到，打從他在大馬士革搭上敘利亞航空公司「韃靼之翼」（Cham Wings）的班機時，他就已經被特務盯上。他的行蹤之所以走漏，是因為以色列和美國的情報人員早就鎖定他的手機通訊資訊，所以能獲得他正確的定位。當六Q五〇一班機在將近一小時後降落於巴格達國際機場跑道上時，中情局在蘭利（Langley）的總部早就已經掌握其行蹤。

冬夜還算暖和，清風徐徐，卡西姆．蘇萊曼尼（Qasem Soleimani）走出空中巴士A三二〇，下了空橋：這位灰髮軍人留著短短的落腮鬍，有著黑色的眼珠，個頭矮小，卻有著巨大的影響力。他是美國和以色列兩國的頭號敵人。不過他將不久於人世了。

蘇萊曼尼於一九五七年出生於伊朗東邊貧窮的山間村落拉波爾（Rabor）。在一九七九年末代沙阿（即伊朗國王）被推翻後，他投入與正規武裝部隊一同作戰的準軍事民兵組織，成為革命衛隊的一員。他協助平定伊朗西北方庫德族的暴動，在伊拉克獨裁者海珊（Saddam Hussein）侵略伊朗時，也投入前線部隊作戰。兩伊戰爭持續打到一九八八年，深深撼搖伊朗的根基，這場戰爭讓蘇萊曼尼的軍旅生涯平步青雲。多次前往敵後的突擊隊行動讓他成為英雄，更讓他以不到三十歲之齡就得以率領整個陸軍師。

一九九八年他被伊朗革命衛隊高層任命為「聖城旅」（Al-Quds Brigades）指揮官。該部隊結合了間諜特務、軍事特別行動小組和專業非法軍火商。他們的任務是要擴張伊朗的影響力，調查、暗中破壞並謀殺敵對陣營。

聖城旅在他的領導下做了哪些事呢？比如說，他們向墨西哥毒梟僱了一位殺手，讓一位阿拉伯大使飛到美國上空時飛機被炸毀。他們也派人暗殺德國與以色列協會前任會長萊因侯德·羅布（Reinhold Robbe）。

幾乎每一場伊朗政府在中東所參與的軍事衝突，都被蘇萊曼尼在背後牽引著一舉一動——西方國家的特務都這麼認為。敘利亞內戰中黎巴嫩的真主黨民兵組織有他的聖城旅在背後支持，聖城旅也在伊拉克控制著什葉教派民兵組織，葉門青年運動（Houthi movement）的武器也是由聖城旅所提供，而敘利亞獨裁者巴沙爾·阿薩德（Baschar al-Assad）能掌權，也要歸功於蘇萊曼尼所帶領的聖城旅。聖城旅為這些盟友提供士兵和策士，也提供飛彈等武器，讓盟友可以從遠方殲滅對手。

「蘇萊曼尼是中東地區最有影響力的人物。」前美國中情局幹員約翰・馬蓋爾（John Maguire）這麼對《紐約客》雜誌說。美國政府指責他是多起恐怖攻擊以及對美國無數攻擊背後的主使者，而且其影響力不只限於中東地區，也遠及於亞洲的曼谷、新德里，和非洲的尼日拉格斯（Lagos）及奈洛比。成千上萬條性命都要算在蘇萊曼尼的頭上。

二〇二〇年一月的一個晚上，在飛機空橋另一頭等待的是他的親信阿布・馬赫迪・穆罕迪斯（Abu Mahdi al-Muhandis）。穆罕迪斯是蘇萊曼尼在伊拉克的代理人，統領伊拉克境內什葉派民兵組織真主黨旅（Kata’ib Hezbollah），等於是伊朗在伊拉克的代理軍隊。儘管他在伊拉克沒有正式官職，但伊拉克的大小事沒有他的同意是不可能進行的。

機場跑道上已經有一輛豐田加長型禮車和一輛現代汽車廠的迷你巴士在等候他們下機。他們來接蘇萊曼尼一群人前往市區。但他們沒有想到，上方夜空中有兩架MQ-9死神無人機盤旋。這兩架無人機不遠千里而來，事後我們由媒體得知，它們數小時前從卡達首都杜哈的烏代德（al-Udeid）美國空軍基地起飛，飛行了數千公里來到這裡。負責駕駛無人機的飛行員則遠在地球另一端的內華達州克里奇空軍基地（Creech Air Force Base）電腦螢幕前。這兩架無人機名為「死神」，取的是西方典故，在人死前手持鐮刀收取靈魂，德語為Sensenmann。

在佛羅里達度假勝地棕櫚灘，夕陽一分一分地下沉。兩天前，當時的美國總統川普才在他位於海湖莊園（Mar-a-Lago）的豪華別墅舉行盛大的除夕派對，而就在幾小時前，他才剛打了一場高爾夫球。不過，現在的他，卻正從電腦螢幕上遠距離觀看著即時畫面中降落在巴格達機場的卡西姆．蘇萊曼尼。川普看著螢幕上由無人機攝影鏡頭傳來的畫面，耳邊則聽著美國軍隊倒數計時。

在這之前的幾個月間，全球都憂心忡忡聚焦在伊朗和波斯灣。那一年夏天在荷姆茲海峽一再出現超級油輪遭到神祕攻擊事件，而這裡是全球五分之一原油的轉運站。九月時，沙烏地阿拉伯一座大型油田和世上最重要的一座煉油廠更遭到無人機和飛彈襲擊。

到了該年冬季，美國與伊朗緊張情勢升高，到了聖誕節時，緊張程度更是牽一髮動全身：美國駐伊拉克北方軍事基地遭到飛彈攻擊，造成一名美國人死亡，美方認為此事應是伊拉克境內什葉派民兵組織，也就是蘇萊曼尼好友穆罕迪斯手下的軍隊下的手，因此對該組織所在地進行連番轟炸。據伊拉克官方所述，至少造成二十五人喪生。

不久後在二〇一九年十二月底，一群怒氣沖沖的暴民衝進管控嚴密的美國駐巴格達大使館。這群示威群眾大喊「打倒美國」，並投擲石塊和汽油彈，大使館的窗子被砸破，四處起火。武裝直升機來到大使館上空盤旋，美國海軍陸戰隊也被派進大使館內待命，並朝群眾投擲催淚瓦斯。超級大國美國的尊嚴似乎被這一群忿怒的街頭暴民壓得喘不過氣，顏面盡失。但看在堅定的美國人眼裡，這場暴動並不是隨機的示威，而是伊朗在背後策動的攻擊。美方認為這次暴動正是出自卡西姆．蘇萊曼尼之手。

包圍美國大使館的示威事件持續了兩天，直到二〇二〇年一月一日才結束，美國總統川普為此火冒三丈。他很快做出決定，他的兩位前任歐巴馬和小布希都遲遲不敢下這個決定，就連親近他的顧問都沒料到：他下令出動死神無人機。

當川普在海湖莊園聽著最後一聲倒數時，巴格達時間是凌晨零點四十七分。蘇萊曼尼的車隊開進一條與飛機跑道平行、棕櫚樹夾道的小路，由此離開了機場。他們往前不過五百公尺，小路突然右轉進入巴格達市中心。這裡就是隔天一早蘇萊曼尼要和伊拉克總理見面的地方。就在這時，遠在美國內華達州克里奇空軍基地裡的某人朝眼前按鈕一按。幾秒鐘後，巴格達機場的夜空亮起一團耀眼的火光。

兩輛座車遭到數枚地獄火飛彈攻擊，裡面的乘客無一倖免。事後整個車隊只剩下陷在火光中的廢鐵。目擊者事後描述，當時空氣中飄散著皮肉燒焦的味道。

不久後一張照片出現在世人面前，明顯是由這起暗殺事件事發當下的在場人士拍攝。畫面中可以看到草地上有根沾滿髒污的斷手，手上的中指戴著一枚碩大的紅寶石戒指。這是蘇萊曼尼的戒指。就這樣，我們確定了這根斷手的主人，這位在二〇二〇年一月三日巴格達國際機場上突然走到生命終點的人，就是原被指定為伊朗總統羅哈尼（Hassan Rouhani）繼任者的蘇萊曼尼。

美國國防部隨後確認美軍已經成功狙殺這位伊朗將領時，川普總統正坐在他的豪華莊園中享用晚餐。只見牛肉丸子和冰淇淋一道接著一道上桌。

伊朗政府隨後下令全國舉行三天國喪。伊朗的精神領袖哈米尼（Ayatollah Ali Khamenei）和總統羅哈尼都表示誓報此仇，與美國沒完沒了。原本數月來一直在對當局穆拉政權進行大型示威抗議、指責伊朗武裝部隊對伊朗人民執法過於殘暴的行動，在這之後全被拋諸腦後。伊朗全國上下被蘇萊曼尼之死的忿怒團結起來。「打倒美國」以及「打倒以色列」，德黑蘭的大街小巷和廣場頓時充斥著這些呼聲。示威群眾高舉死者的頭像，放眼所見全是象徵著烈士的紅旗。蘇萊曼尼將軍葬禮當天，數百萬人走上街頭，長長的送葬行列看不到盡頭，大家都來陪他走最後一程。全世界看了不禁要問：接下來會怎樣？

看在《華盛頓郵報》和以色列《國土報》（*Haaretz*）眼中，那一夜無人機暗殺事件的後續發展是「事前所未預見的」。一時之間推特上充斥著 #WWIII（第三次世界大戰）的話題標籤。英國的《泰晤士報》則以「戲劇性升高」來形容事件發展。《紐約時報》則認為美國和伊朗「已在戰爭邊緣」，而《新蘇黎世報》則擔心整個近東可能就要陷入戰火。

事實上伊朗政府不久後即表示，不再遵守國際協議對其濃縮鈾數量的限制。其核武發展計畫原本經過長年艱辛的協商已經喊停，現在又重新啟動。不久伊朗就能再一次擁有核武了。

但這一年的中東全球危機還沒完，不久後又出現了更大的災難：伊朗飛彈。才不過數年前，伊朗的飛彈不只射程短，其命中率也差到完全無法在軍事上發揮作用。在當時，其飛彈命中率很低，往往離攻擊目標數百公尺乃至數公里之遠。但是到了那年，伊朗的飛彈技術卻突飛猛進。美國國防情報局（DIA）就指出，德黑蘭擁有中東最大型且最多樣性的軍火裝備。伊朗境內估計有數千枚彈道飛彈安置在地下彈道發射掩體或是重型掩體之內。其中最大型的飛彈，彈體長達十八公尺，射程可達兩千公里遠。這樣的射程不僅可以從伊朗擊中沙烏地阿拉伯和埃及，也可以擊中以色列，連南歐諸國如希臘也難以倖免。其命中目標的誤差只有幾公尺。

卡西姆．蘇萊曼尼遇刺後不到幾天，美國情報單位就觀察到伊朗的火箭部隊升高了警戒狀態。面對此一狀態，川普總統在推特上對德黑蘭政權出言威脅，表示若伊朗敢越雷池一步，將會遭到美國血洗。他表示美方已經瞄準伊國境內五十二個「戰略和文化要地」——該數字具有重要的歷史意涵。因為這每一個被瞄準的地方，就代表了一名美國人質，代表了一九七九年發生伊朗伊斯蘭革命時，在德黑蘭被伊朗學生俘虜的美國人[1]。川普的推文還特別以大寫強調：「伊朗很快就會遭到重擊。」

在全世界屏息以待中，五天五夜過去。然後在一月八日清晨時分，伊朗西邊省分克爾曼沙赫（Kermanshah）冒出一團又一團的火球，伊朗首度將其恐怖的彈道飛彈用來對付其頭號

1這五十二名美國人質一共被囚禁了四百四十四天。為此美國政府賠償每位人質四百四十萬美元。——譯注

敵人美國。伊朗革命衛隊就此展開了「烈士蘇萊曼尼」行動。

該地區的美軍基地在前一天就已經發布了最高警戒。遠在克爾曼沙赫省西方數百公里外的伊拉克阿薩德空軍基地（Ayn al-Asad），前晚緊急將士兵撤出營地，移回到海珊時代就蓋好、空置了數十年的老碉堡。該基地是美軍在伊拉克最大型的基地之一，共有一千五百名軍力駐守。除了美軍，這裡還有數百名其他國家如丹麥、挪威或波蘭等與聯合國共同和伊斯蘭國恐怖組織部隊作戰的軍人。

攻擊當下，只剩下阿薩德基地的崗哨駐軍未撤離。而同一時間美軍無人機則急忙升空，以確保美軍戰機的安全。

到了當晚凌晨一點三十四分，伊朗首批飛彈來襲，接著來了三輪。伊朗前後共朝阿薩德基地發射了至少十枚飛彈。

這一來全世界清楚看到了伊朗的飛彈實力，他們擁有準確投中目標且高度發展的飛彈技術，而這些其實都要歸功於一位祕密軍火幽靈的暗助。這位神祕的中國人被知內情的人士視為全世界最危險人物之一，一個幽靈。

每當看到中東地區軍事基地上的聯合國和盟軍部隊士兵們急忙趕往地下防空洞避難時，每當烏克蘭平民死於俄國飛彈無差別攻擊時，每當以色列大城特拉維夫空襲警報大作時，每當葉門兒童死於饑荒時，每當沙烏地阿拉伯油輪遭到攻擊導致原油價格上漲、動搖全球經濟時，都可能和這個人有關。而每當華盛頓和北京、日內瓦和紐約的外交官為了裁軍相持不下時，他的名字就會出現。這個人是美中超級大國在強權和影響力角力中的關鍵人物。

西方情報人員前後花了二十年的時間想要阻止他，而且至少就有一位美國總統在北京親自出面干預他的行動。

但卻誰都拿他沒辦法，他至今依然逍遙法外，而且即使到現在，聽過他大名的人還是少之又少。

他是名符其實的中國幽靈。

第1章
被聯邦調查局通緝

卡爾．李（Karl Lee）正對著鏡頭。他輕輕揚起特別寬厚的下巴，面容冷淡。那表情中是否帶著一抹淺淺的微笑呢？我們實在看不太出來，因為照片的畫質不是很好。

他濃黑微捲的瀏海落在額前，長及眉毛。雙唇豐滿，右眼皮略微抬高，在接近右鼻孔的下方有顆類似痣的胎記，而這成了美國聯邦調查局幹員標記他的「特徵」。除此之外，聯邦調查局還標記了卡爾．李身高應為五呎七吋，也就是一米七，大約一百五十磅或六十八公斤的體重，眼珠顏色：褐色，性別：男，種族：亞洲，國籍：中國。

這張海報上最引人注目的地方，卻是在照片正下面那排粗體紅字：「聯邦調查局通緝中」（WANTED BY FBI），他正被這個美國政府的調查單位以及祕密情報單位追捕。美國幹員將卡爾．李列在知名的頭號通緝犯名單中，與一些連續殺人犯、重大要犯、人口走私犯，以及重大詐欺要犯、外國間諜和恐怖分子並列。但其實，跟他比起來，名單上的其他人根本就是小巫見大巫，因為賞金金額都遠不及他：凡對卡爾．李緝捕歸案有重大幫助者，都能獲得五百萬美元賞金。

凡是被聯邦調查局在全球發布這麼高額通緝賞金的，通常代表他被視為美國的國家公敵。五百萬美金，這可是躋身國際頂級罪犯行列。美國政府懸賞墨西哥錫納羅亞販毒集團首腦「矮子」古茲曼（Joaquín »El Chapo« Guzmán）也是定這個價碼。同樣的，在一九九八年坦尚尼亞三蘭港（Dar es Salam）和奈洛比美國大使館分別遇襲後，凡提供線索協助美國政府捉拿事件主使人蓋達組織首腦賓拉登（Osama bin Laden）的賞金也是五百萬美金。

但卡爾．李既不是毒梟，也不是恐怖組織的首腦。他不過是來自中國偏遠省分，一名不起眼的商人。

在二〇一八年二月，為了他，我們在一個晴朗的日子來到美國麻州的劍橋，拜訪了美國最有歷史的大學校園，同時也是美國最知名的大學學府。該校前後共出過一百六十一位諾貝爾獎得主。美國前總統約翰．甘迺迪畢業自該校，同樣出身該校的美國總統還有小布希和歐巴馬，以及其他五位美國總統。

建校於一六三六年的哈佛大學，校訓是「真理」（Veritas），就寫在校門口鑄鐵拱門之上。穿過這道拱門，我們進到了哈佛校園，放眼望去是一片有四個足球場大小的草坪，在這片草地上立著十多棟磚造建築。德國總理安格拉．梅克爾（Angela Merkel）一年後也將來到這裡為該校畢業生演講，而只要再往前走幾步，就是當年馬克．祖克柏創立臉書的地方；這裡其中一棟庫里耶之家（Currier House）曾是比爾・蓋茲住過的地方，他當年在哈佛中輟，創立了一間名為「微軟」的公司。而在這旁邊的哈佛廣場旁，則是吹哨者丹尼爾・艾茲伯格（Daniel Ellsberg）在一九六九年將機密的「五角大廈文件」一頁一頁影印出來的影印店，因為這些文件，美國大眾知道了原來政府在越戰問題上向公眾撒謊。

這裡還有哈佛甘迺迪政府學院（Harvard Kennedy School）：菁英中的菁英，一流學府哈佛大學中的一流學院。該學院鄰近查爾斯河（Charles River）畔，是作育有志投入美國政界、情報單位和軍旅生涯者的搖籃。這裡也是許多以色列情報局摩薩德（Mossad）、英國祕密情報局軍情六局（MI6）以及美國國家安全局（NSA）還有中情局（CIA）未來、當前和過去情報員的養成之地。一些中國養尊處優的高幹和中東地區獨裁者，也會將其紅二代和王儲送到這裡接受教育，但是這些人通常都使用假名。就連中國國家主席兼總書記習近平的女兒也曾在這裡就學。

我們事先和一個專事追蹤逮捕工作的人約好在這裡見面，他的職責是要找出提供世上獨裁者飛彈和彈頭的幕後藏鏡人。其頂頭上司是美國司法部、五角大廈和聯邦調查局。

他同時也為博思艾倫諮詢公司（Booz Allen Hamilton）工作，該公司承接很多聯邦調查局不想經手的案件。幾年前因為前員工愛德華・史諾登（Edward Snowden）而成為報紙頭條，史諾登日後逃亡國外，並將自己所得到的情報傳給其他記者，因此成為世界知名的吹哨者。

亞倫．阿諾德（Aaron Arnold）透過一名中間人和我們取得聯繫。他先是透過中間人表示想和我們一談。談什麼呢？他沒有說。但其實在之前就有人先提醒過我們，哈佛大學到處都是祕密情報員和外交人員，他們會想要網羅新聞記者以為己用，不過我們還是欣然前往。因為我們從過往經驗知道，像阿諾德這麼一流的專家找上門想談，我們一定要聽上一聽，因為誰也不知道，這會不會成為一條重要新聞。

我們約在「查理廚房」（Charlie's Kitchen）見面，一間兩層樓的酒吧。慶祝論文發表成功的講師，或是想要在睡前吃點炸魷魚圈和濃郁的印度淡色艾爾啤酒（India Pale Ale）的學生，都會到這邊來。

見面的這個週二下午，我們踏進酒吧天井時聞到烤漢堡的香味，喇叭傳來的硬搖滾音樂隆隆作響，吧檯上排滿啤酒瓶。阿諾德早已站在那等我們：鏡面太陽眼鏡、紅色大鬍子、禿頭、修長貼身的西裝。他就是那位獵人。

他握手手勁很大，接著就帶我們前往他坐的高腳桌。他請大家喝啤酒，叫了一籃似乎是這家必點的下酒菜炸魷魚圈，然後開始談起一名沒沒無名的神祕人士，據說這人把美國政府耍得團團轉。二十年來他神出鬼沒，公司開過一家又一家，總是在追捕他的人還來不及查到前就結束了公司。這人名叫卡爾．李，是個軍火商，據亞倫．阿諾德說，卡爾．李一直躲在看不到的暗處操作，並偷偷地將他那些致命商品海運給半個地球外的國家。「儘管調查員在全世界找了他好幾年，他始終像幽靈一樣來無影去無蹤。」這位前聯邦調查局分析師這麼告訴我們。而且也始終無人可以阻止他的死亡生意。

阿諾德說幾年前他剛開始在聯邦調查局反（武器）擴散中心（Counterproliferation Center，簡稱 CPC）工作後才知道卡爾．李這個人。這個特殊單位在二〇一一年成立，組織標誌上畫著一頭凶猛的老鷹，老鷹頭上投影著一面美國國旗；下方是一顆地球和更多危險物質標誌，包括黃黑兩色構成刺眼的輻射危險符號、化學有毒物質警告符號等。這個單位一如其名，意在遏止敏感科技的走私，舉凡是可能被運用在製造大規模毀滅性武器、飛彈、太空武器或是傳統武器的都在此列。

亞倫．阿諾德又點了一杯印度淡色艾爾啤酒時一邊說，卡爾．李多年來一直都在調查局通緝名單排行前幾名。聯邦調查局其他案子與他的比起來都要遜色許多。

上桌的炸魷魚圈他碰都沒碰，一徑地說下去。

「卡爾．李不僅對美國是個威脅，」阿諾德道，「也是全球的威脅。」

像卡爾．李這類人做生意是為了得到權力而奮不顧身，而且是可以致人於死的權力。數十年來，一些新興國家政府都想要弄到可以嚇阻他國的武器，最好是那種一發就能造成千萬死傷，一擊就能造成難以控制的災難，讓即使美國和俄國這樣的世界強權，還有世界各地區的敵對國家都忘之卻步的大規模毀滅性武器。

像生化武器、毒氣瓦斯或是核武必須具備足夠射程才有恫嚇力。所以飛彈和卡爾・李這樣的人就派上用場了。

亞倫・阿諾德向我們說明，像伊朗或北韓這樣的國家，要拿到製造飛彈和彈頭的原料格外困難，因為他們在國際上受到這方面的武器制裁。因此就需要經驗老道且擁有多方人脈的生意人居中穿針引線。要有能獲得科學界和軍方的信賴，還知道哪些政府官員可以賄賂、哪些運輸管道可以走才不會被抓的人居中協調，能夠提供上等零件和原料的可信賴人才，最好還能夠大量且長期提供。

卡爾・李就是這樣的人才，更是這方面的專家。

阿諾德說，這名中國商人的軍火生意規模之大無人能及。雖然有那麼多特務情報員和調查機關在追捕，他的生意卻越做越大。「完全就像貓追老鼠一樣。」看得出來我們這位獵人對卡爾・李既覺得不可思議也深深感到挫折。之所以會有這反應，是因為獵捕至今都是老鼠獲勝。

亞倫・阿諾德繼續道：「卡爾・李神出鬼沒。」一般大眾幾乎沒聽過他的名字，對他的長相也一無所知，也只有幾篇文章談及過他。至今他依然高居中情局通緝榜單前幾名，只有曾經參與過狙擊賓拉登行動的特殊單位，才有機會在訓練階段就看到並記住卡爾・李的樣貌。阿諾德還說，早在小布希總統主政時期，美國就曾經和卡爾・李交過手，而在歐巴馬總統任內，聯邦調查局和其他政府單位也都追捕過他，現在更對他加緊通緝，卻都全無所獲。這些單位都知道他供應伊朗武器，也知道他待在中國什麼地方，搭乘哪一航班飛往德黑蘭，在那邊又和誰碰過面。但是卡爾．李總是神龍見首不見尾。據阿諾德所言，中美政府對談時，卡爾．李一直是雙方談判桌上僵持不下的議題，但雙方始終沒談出什麼下文。中國外交官員多年來一再聽到美方國務院對於卡爾．李的指控，也一再收到各式關於卡爾．李的消息和電報。卡爾．李的軍火走私生意卻始終如火如荼。

我們有很多問題，但是阿諾德和他的前同事都無法回答。其中一個問題就是，究竟卡爾．李是自己的老闆，還是犯罪集團的代表，或者是中國祕密情報機構的代理人，還是中國政府的代理人，甚至是好多個國家政府的代理人？這些問題若有答案，又意味著什麼呢？

亞倫．阿諾德說，卡爾．李有個綽號叫做「裁縫師」，因為他能夠為每個問題量身打造解決方法。在軍火走私上，所謂的「問題」多半是進出口主管機關防範走私的措施，像是邊界管制、衛星監看、海關等等。旁人無法越過的重重關卡，卡爾．李往往能跨越。

好像有雙無形的手在保護這名神祕的軍火商。

第2章
黑龍的國度

甘南縣位於中國極北地帶，北鄰俄國西伯利亞，幾公里外則是內蒙自治區。這個偏遠荒涼的地區卻有很多中國人知道，據說是因為過去這裡曾有老鼠從天而降。

事情發生在一九五二年四月四日那個夜深人靜的晚上，當時韓戰已經爆發快兩年，中國派遣了數十萬志願軍協助北韓作戰，就在午夜來臨前不久，大家聽到飛機螺旋槳聲從東南方逐漸靠近。在這之前中國方面的空中監測站就注意到，一架美國F八二夜間戰鬥機穿過中國和北韓邊界朝向甘南飛來；這種戰鬥機是特別為了靠夜色掩護進行祕密任務而設計的。據稱當地居民隔天一醒來就發現街道上、草堆上、水井裡、屋頂上，就連沉睡的嬰兒床上都出現了成千上百隻田鼠。這些田鼠要不已經死了，要不就是在垂死掙扎。這種老鼠並非甘南當地會看到的原生種，牠們有短尾巴，背是暗灰色，肚子則是淺灰色。

中國科學家稍後解剖了多隻田鼠，據說他們發現這些老鼠身上都有所謂的腺鼠疫病原。種種跡象都指向一種可能，而且中國至今依然深自抱此懷疑：會不會是美國人把這些受病原感染的田鼠當作生化武器投下來？

中國、北韓和蘇聯因此堅稱美國想在韓戰中使用生化武器。於是一個由英國主導的國際調查委員會特地前往甘南，他們除了檢視老鼠，也詢問了當地目擊者，最後更證實了這項指控。

一直到半世紀後，科學家才有辦法取得蘇聯文獻重新檢視這起事件。蘇聯舊文獻顯示：這起指控根本就是北京、平壤和莫斯科當局的虛構情事，目的只為中傷美國。而當年那個國際調查委員會則完全被刻意造假的證據和證人所誤導。

經常被中國政府當作向國人印證美國人狂妄自大、不擇手段行徑的甘南縣，座落於黑龍江省。該省位於中國東北最邊緣，幅員與德國相當，地域平坦遼闊無邊無際，冬日氣溫常低於零下四十度。外界最熟悉這個世界偏遠角落的人大概是野生動物保育專家，因為這裡是西伯利亞虎最後的自然保留地。這些瀕臨絕種的動物依然漫遊在黑龍江的森林和沼澤裡。黑龍江是該省省名的由來，字意就是「黑龍的河流」。

一九三〇年代中國部分地區為日本所占領，黑龍江省也在其列。到了一九四〇年代中葉，該省則是最早為中國人民解放軍所收復的地區之一。該省回歸後，中國共產黨很快就派遣了一群優秀工匠和工程人員前往，將其建設為工業地區。黑龍江此後成為涵蓋礦產、工廠與其他生產事業等的重工業中心。數百萬強迫勞動者和城裡的知識青年被送到黑龍江省，全住在勞改營裡，開墾拓荒、抽乾沼澤、鋪設街道。大型集體農場，即所謂的人民公社紛紛成立，開墾出一畦又一畦的大豆田、玉米田、小麥田和葵花田，這些田地至今都還在供給數百萬人民糧食。

在黑龍江省這個神話和真實有時會讓人混淆之地，一名讓全世界外交官、調查員和祕密情報員至今都忙得不可開交的小孩在一九七二年降生了。小孩姓李，父親為他取名方偉。這名字意思很多，兼有「方正偉大」之意。但他後來是以西方化名聞名，這化名顯然是他自己取的。名字就是卡爾．李。

第3章
間諜之都

二〇一九年一個灰濛濛的冬日午后，車窗外阿爾卑斯山白雪靄靄的山下丘陵地飛馳而過。我們的火車從慕尼黑出發向東隆隆而去。行李箱裝滿了所有能在網路上找到關於卡爾．李的資料，還有一疊談論各種不同飛彈和導彈系統的文章。

這時離我們和聯邦調查局分析師亞倫．阿諾德見面已有一段時日。他講的那些事還深印在我們的腦海中：卡爾．李是死亡商人。他負責販賣遞交大規模毀滅性武器的關鍵零組件。打從他對伊朗出售了電子測量器材和導航設備後，伊朗的飛彈不管在效能、精準度和殺傷力上進步神速。伊朗不僅威脅以色列，更越來越常發動戰爭：對葉門、沙烏地阿拉伯、伊拉克，甚至也對阿拉伯聯合大公國。這些戰爭中那麼多條人命，卡爾．李都難辭其咎，而且更重要的是，不久的將來可能還有成千上百、乃至數十萬條人命都要算在卡爾．李的頭上。也就是說，一旦伊朗靠著卡爾．李所提供的零件，得以在核彈頭和越來越強大的飛彈建造上獲得決定性進展，伊朗不僅僅會和敵國以核武對峙，有一天還可能會引發毀滅性的戰爭，甚或引起第三次世界大戰。

早在千禧年左右就已經有明顯跡象顯示伊朗正在建造核武。二〇〇四年更有一名德國聯邦情報局（BND）的線人回報指出，伊朗政府正在進行兩個相關的祕密計畫：一個是「一一〇計畫」以原子彈為目標，「一一一計畫」則以能夠安裝在伊朗飛彈的核彈頭建造為目標。據德國《時代周報》（*Zeit*）稍後描述，此消息來源是一名伊朗飛彈技術人員，化名是「海豚」。他只要離開伊朗（可能是出國開會），就會向德國聯邦情報局透露新的情報，內容都是關於伊朗原子彈計畫的細節。德國聯邦情報局立刻將情報交付給「摩薩德」（Mossad，即以色列中央情報安全研究所）和美國中情局。後來這名線人的身分走漏，隨即遭到伊朗逮捕並處死。

伊朗擁有只要搭載飛彈即可射往以色列甚至歐洲的核彈頭一事，從此成為各國外交官員和情報單位的隱憂。多年來，美國中情局、國家安全局、聯邦調查局、英國祕密情報局軍情六處、以色列摩薩德和德國聯邦情報局都在追捕卡爾．李。

如果亞倫．阿諾德所言屬實，那他不僅讓我們看到當代最危險衝突背後的關鍵人物，也讓我們挖掘了一個引人入勝的新聞題材。但是換個角度來看，要是他的線人放消息給他只是一種宣傳手段，目的是要讓出售伊朗這個邪惡國家毀滅性武器的邪惡中國人成為新聞頭條呢？萬一是這位前聯邦調查局分析師的前主管或是中情局特意要他來跟我們見面的呢？畢竟他和中情局合作的時間比聯邦調查局更長。當時川普已經主政兩年，對於伊朗和中國，逮到機會他一定會修理一頓。卡爾．李這個消息，正符合美國政府當時的盤算。

因為這層顧忌，所以在我們全力投入調查以前，想再聽聽其他意見，某位跟亞倫．阿諾德一樣熟悉核彈和飛彈產業的人，但不要是美國方面的人。

因為這樣我們才會前往維也納。這座奧地利首都打從帝國時代以來就一直是全球情報網的中心。許多出現在這邊的情報只會被送到外交單位、特務和情報人員手中，永遠不會給外界知道。

但是鴨蛋再密難免也會有縫，偶爾會有一些風聲走漏而風聞全球。比如說二〇一〇年七月，一架美國專機載了十名身分曝露的俄國間諜降落在維也納國際機場，專機就停在一架載有四名西方情報員的俄國軍機旁：這是自從冷戰結束以來，美俄之間最大規模的人質交換。同一天俄國交出的人質中，有一位名為謝爾蓋．史克里帕（Sergej Skripal）的人，他後來在英國薩里茲伯里（Salisbury）被人毒死；美國所交出的俄國間諜中，有一位的身分數週前剛在哈佛被揭穿。

另外在二〇一三年七月二日，玻利維亞總統的政府專機緊急迫降在維也納。該機原本預訂要從莫斯科啟程直飛拉巴斯（La Paz），卻臨時遭到歐洲多國拒絕其航權。原因據稱是中情局相信美國國家安全局的吹哨者愛德華．史諾登（Edward Snowden）就在該機上。但事實並非如此。

我們的火車開了不到兩小時後就來到一座橋上；右手邊山丘上立著一座堡壘，橋底下可以看到一條灰綠色的河流。我們越過了德奧邊界，穿過薩爾茲堡進入奧地利。

一九五五年以來，奧地利就宣布為「永久中立國」。這意味著奧地利不在北大西洋公約組織（NATO）的西方防衛聯盟中，在奧地利國境內也不允許有任何國家的軍事基地駐紮。維也納為一個中立國首都，卻直接比鄰東歐陣營，這讓它成為冷戰時期最重要的間諜中心。

時至今日，奧地利依然是「國際情報中心」以及各國情報組織「首選的情報區」，這件事就連奧地利國內的情報機構也不否認。這也和該國的相關法令寬鬆有關，因此被奧地利前情報頭子蓋爾特．普利（Gert R. Polli）說出了它「讓情報員不請自來」之語。因為在奧地利情報活動實質上就是合法的。只要這些情報員都默默地互相暗中監視，不要把腦筋動到地主國頭上，那他們就可以高枕無憂。

不僅如此，各國間諜會聚集於維也納還有其他重要目的：維也納是聯合國在紐約、日內瓦和奈洛比之後選中的第四個官方辦事處，而且是全球石油輸出國組織（OPEC）的總部所在。光這些就已經有永遠吵不完的外交雜音，還有國際間的動作和事件頻仍，都是在其他地方不會有的。

而要是說到武器方面，特別是關於核彈，維也納更稱得上是這方面的地下世界首都。聯合國裁軍事務廳就設在這裡，全球最高層級的軍事管制協議都是在這裡談成的。除此之外，在該市的多瑙河岸有一區稱為聯合國城（或國際中心），國際原子能總署（IAEA）就座落在此。該署成立目的是推動原子能的和平使用，並防止輻射物質被軍事濫用。

國際原能總署調查員會從維也納總部前往世界各地進行偵查，採集到的樣本會送交維也納南方三十公里處的實驗室檢驗。在此檢驗的原能總署專家只關心一件事：送交的樣本是否符合各國政府承諾的原能計畫，或者有人想把供民生用的原能悄悄挪為軍事所用？而這個問題在兩個國家尤其關鍵：北韓和伊朗。

等我們這班火車駛進維也納總站，夜幕早已低垂。維也納市在今天晚上不負其間諜之都的美譽，就像黑色電影中的畫面。幾乎就像在戰後於維也納拍攝，由奧森・威爾斯（Orson Welles）主演的經典名片《黑獄亡魂》（*The Third Man*）一樣，黑市猖獗，間諜無處不在。街市空無一人，陰森森，宛如一座棄城。寥寥幾名行人立起衣領，連頭臉都緊緊包覆，以免淋著雨雪。街燈倒影映在街上濕漉漉的鵝卵石上。

我們約了一位專門替西方國家分析情報的人，此人現任職一個國際級機構很敏感的職位。他是這行的專家，尤其專精於非法放射性科技擴張方面。他事先就要求，要和他談的條件就是不能洩漏他的身分。

他建議我們在維也納舊城區中心見面，地點是一間酒吧，店裡的啤酒名都饒富趣味，像是維也納布比族（Wiener Bubi）、紙醉金迷的銀（Delirium Argentum）等等。

打開這家酒吧的大門，裡頭就像一條筆直水管。吧檯左手邊一張紅皮板凳上，一名年輕樣貌、雙目炯炯有神的男性直盯著入口處。他打量我們，我們也打量他。這可能就是今晚要跟我們見面的人，至少就那張我們在網路上找到的泛黃照片來看是他沒錯。他眼睛一亮。「是你們嗎……？」——「沒錯。」就是他。

他坐的地方距離吧檯和其他桌最遠，還真是密談核彈的好所在，也是驗證亞倫・阿諾德的說法是否有誇張嫌疑，以及卡爾・李故事是否屬實的好所在。

這晚我們訪談的對象稱這名中國商人是軍火商中的「千面人方托馬斯」（Fantomas）。方托馬斯是法國系列小說中神祕的超級反派，遇到強勁的對手總是能一而再、再而三的獲勝並且脫逃。他神出鬼沒，不擇手段且技高一籌。打從全球開始有人從事大規模毀滅性武器走私生意以來，少有人能如卡爾・李這樣屹立這行數十年之久。我們這位情報專家一邊吃培根煎蛋堡一邊說。

話說從頭，當美國在二戰中首度於人類史上使用原子彈後，又在戰後沒收了德國的V2飛彈以及上千頁飛彈建造計畫書。成千上百德國軍武專家被帶往美國，這批專家催生了美國的飛彈計畫。

一九四九年蘇聯首次引爆自己的原子彈。大約在同一時期，其領導人史達林更命蘇聯頂尖科學家發展飛彈。他希望發展出不僅能飛數百公里，還能飛數千公里遠的飛彈，要能直達美國內陸。當時全球分裂成兩大壁壘，原子彈也一樣：一邊以美國為中心，另一邊則是蘇聯。兩邊各擁全球最強兵力、最出色專家，以及最龐大的國防預算。但沒隔多久，英國和法國也開始測試自己的飛彈和原子彈。蘇聯這一頭則回頭與中國合作核武技術，中國於是在一九六四完成首顆原子彈試爆，不久後並試射飛彈成功。

在當時僅有極少數國家擁有飛彈和原子彈的製造技術，後來這技術外流。一夕之間中東和北韓也擁有飛彈，而且還和中國、蘇聯的飛彈很相似。然後有越來越多國家元首和軍方領導人開始想要擁有核導彈以為嚇阻之用。美國情報單位在一份一九六三年的報告中就估計，加拿大、以色列、西德、義大利或瑞典都已經具備自行製造核武的能力。當時美國總統約翰・甘迺迪就預測，到了一九七〇年代將會至少有二十五個國家擁有核子武器。但他的擔憂並沒有成真。

在集體理性共識之下，全球簽署了核武禁擴條約，並於一九七〇年正式生效。至今全球有一百九十一國簽署這項條約。當時五個擁有核武的國家更致力裁軍，自我節制不將生產武器的技術傳遞出去。其他國家也承諾不建造核武，同時服從國際原能總署的監督；允許讓外國核能專家可以隨時前來檢查各國的核電廠和實驗室，以確保該國真的沒有儲存製造核彈的基本原料。

該協議從此後阻擋了核武的擴散，卻未能完全的阻止。印度、巴基斯坦和以色列三國一開始就沒有參與協議，因此早在幾十年前就已經各自發展核彈頭。接著北韓和伊朗也擁核了——這兩個國家長久以來一直是國際社會的化外之民。平壤當局不知怎麼成功研發了自己的飛彈，並於二〇〇六年首度成功引爆第一顆核彈。而德黑蘭當局也差一點就生產了核彈頭，該國也正在建造中東地區最大規模的飛彈軍備。穆拉當局視飛彈為其生存之保障，原因是伊朗當局（可不像其中東鄰國）沒有值得一提的空軍。伊朗擁有為數可憐的幾台戰鬥機既老舊，又無法與美國和以色列匹敵。

我們這位專家說，伊朗和北韓這類國家因為遭到制裁，所以必須靠像卡爾．李這樣的軍火商幫他們取得製造飛彈的科技。這些軍火商不甩國際社會規範，也不怕美國聯邦調查局或中情局。我們眼前這位專家在談到卡爾．李的生意時特別用了一個艱難的專業術語：武器擴散（Proliferation），意指散播大規模毀滅性武器與能攜帶這種武器精準擊中目標的飛彈。

我們這位專家又說，在過去，讓西方政府戰略家擔心的主要是像巴基斯坦工程師阿卜杜勒．卡迪爾．汗（Abdul Qadeer Khan）這類人物。阿卜杜勒在德國等地求學過，一九七〇年代曾在荷蘭為當時歐洲最大的濃縮鈾製造商鈾連集團（Urenco Group）工作。他大約就是在這裡萌生了盜取離心機的念頭。一九七五年返回巴基斯坦，從此成為祖國巴基斯坦的「原子彈之父」以及人民英雄。但這位巴基斯坦的原子彈之父不只催生了巴基斯坦一國的原子彈而已，也被懷疑是巴國對北韓、利比亞以及伊朗出售原子彈計畫技術的背後推手。此外，他也多次被人目擊行跡招搖出現在沙烏地阿拉伯。

我們這位維也納專家又說，從阿卜杜勒的時代以來，國際間大規模毀滅性武器走私黑市經歷過劇烈的變化。現在幾乎隨便什麼人都可以輕鬆在自家客廳投入這個死神的行業。「只要有筆電和網路，任誰都可以幹這行。」他這麼說。也因此出現越來越多的軍火商會幫德黑蘭這類需要籌組飛彈軍備的政府去合法購買軍火設備，然後再以非法方式轉手販售給伊朗當局所屬的軍火公司。

他們在各國所採購的商品往往乍看之下並無可疑之處，都是些石墨這類鉛筆製造商會需要的原料，但這同時也是飛彈製造商所需要的。飛彈製造商需要石墨這種能抗高溫的原料才能製造包括火箭推進器這類設備，石墨必須安裝在推進器噴燄噴嘴處，也就是起飛的點火處。要有這類推進器，飛彈才能改變數千度高溫噴燄的方向，從而改變飛行軌跡。

又或者像是碳纖維這種用來製造越野腳踏車極輕輪框的原料，同時也是軍火企業用來減輕飛彈外殼重量，以求增加飛彈射程的原料。

又或者大家都知道的陀螺儀，可以做為智慧型手機感應器之用。它既可以感應手機是正放或是側放，當然也能用來感應飛彈在航道上所在方位。

德黑蘭當局想購買這類原料零件受到了嚴格限制。伊朗的公司若想取得這類原料，都需要向聯合國安理會提出申請。

然而製造大規模毀滅性武器和飛彈零件的黑市早就已經轉移到網路上。往往是那些想要快速致富的年輕人投入這行，然後被西方情報單位盯上。我們這位專家就提到一名奧地利人在格拉茲（Graz）隔空為伊朗供給飛彈零件，二〇一四年他向奧地利法院認罪。美國中情局為了追捕他跑了半個地球，一直追到菲律賓才終於逮到他。

我們這位線人說，這個領域有很多這類小型軍火商。他們一被西方情報單位察覺，往往就沒得玩了，不管他們手腳多快。

但有一個人不一樣，那就是中國人卡爾．李。「他是目前為止這個行業中最讓人嘆為觀止的角色。」我們的專家說。卡爾．李的影響力不容低估。「舉凡拆裝伊朗飛彈零件，有很高比例會發現某個零件是來自卡爾．李。」這名中國軍火商之所以讓人嘆為觀止卻不是因為其走私軍火的成功和影響力。「卡爾．李的故事充滿謎團。」其中最大一個謎團是：為什麼二十年來他可以暢行無阻，沒有遭到一點阻力？

第三瓶啤酒見底了。外頭天空發白。就在我們聊著飛彈、走私犯和複雜法律規章的時候，維也納全市被一層細細的白雪覆蓋。天候已晚，而且有點太晚了。最後一班回慕尼黑的火車在十一點二十五分出發。我們才剛站上月台，火車正好進站。

這是匈牙利鐵路公司的一台老舊夜班車，傍晚才從布達佩斯出發。車廂裡有張看起來有點不穩的狹窄小床，淡淡的米褐色調，以及臥鋪車廂常有的發霉不透氣味道；我們走進車廂，告別了維也納，當初來時的問號已然解開：原來不只亞倫・阿諾德和美國有關單位認為卡爾・李極度危險。儘管與川普政府的口徑一致，但絕不表示這件事是無的放矢，平白捏造。但是大眾怎麼會對這樣一個數十年來一直在走私飛彈零件，甚至走私核武零件、極可能引爆世界核戰的人一無所知呢？

而超級強國如美國空有能拍到地球表面每一吋的人造衛星，還能透過其網路監看系統看到每一封未加密的電子郵件，然而面對這個遭到全球通緝的人，竟然只弄到一張低像素的黑白照片。

我們的火車正穿山越嶺輕輕地顛簸。到了邊界時有人來敲門，一名海關人員拿手電筒從門外照著我們的臉。「沒問題。」他對我們說，然後門再次闔上，我們的思緒又回到卡爾・李身上。又睡了一個小時後，又有人來敲門。這次是車掌端來過燙的咖啡、一盒柳橙汁和吸管，還有包著保鮮膜的可頌麵包。沒過多久，我們就回到慕尼黑了。

回到慕尼黑後隔了幾天，伊朗新聞媒體法斯通訊社（Fars）公開了一段五十八秒長的影片。影片拍攝於一座伊朗的地底工廠，但確實地點不得而知。只看到片中各式各樣的飛彈，有藍色裝了紅色推進器的飛彈，還有彈頭。畫面中還出現伊朗空軍指揮官阿米爾・阿里・哈吉扎德（Amir Ali Hajizadeh）檢視飛彈。隨後我們得知，畫面中他所檢視的飛彈是伊朗新研發的地對地飛彈，以伊朗五千年古城「迪茲富勒」（Dezful）命名。根據影片所顯示，這枚飛彈射程可達一千公里。據哈吉扎德將軍的說法，伊朗的飛彈軍備「絕對不容外界討價還價」。

第4章

革命子弟

一開始只是無謂的挑釁，像是中國解放軍在中蘇國界黑龍江這頭脫褲子給對岸蘇聯紅軍看他們的光屁股之類的舉動，但很快的就有人開了第一槍。在離甘南縣那起不實的田鼠攻擊事件將近二十年後的一九六〇年代後期，這個中國最東北的省分再次成為大規模毀滅性武器威脅的對象，差別只是，這次可不再是宣傳戰搞出來的騙局。就在李方偉出生前不久，衝突急遽升高，一起今日已為人遺忘的武力威脅爆發了：中蘇國界衝突。

一九六九年三月間，中蘇兩國士兵駁火，情勢隨即升高成歷史上的「烏蘇里事件」（也稱為「珍寶島事件」）。阿穆爾河（Amur）亦即黑龍江流入蘇聯段的名稱，在其支流上，蘇聯紅軍的邊界巡防部隊和中方人民解放軍展開了流血衝突。兩週後中蘇雙方動用了大砲、戰車和直升機。莫斯科當局和北京當局卻都堅稱自己是在保衛領土，錯的是另一方不該率先開出第一槍。

接下來的幾天和幾週裡，雙方的宣傳攻勢越來越猛烈。莫斯科的官方新聞媒體《塔斯社》（*TASS*）報導了來自烏蘇里的恐怖暴行：中國人用刺刀和刀子傷害蘇聯士兵，還把蘇聯士兵手臂弄脫臼，割下耳朵，挖出眼睛。北京官方新聞機構《新華社》則稱中方士兵在蘇軍的砲火下「像火把」一樣炸開了。新華社更出言恐嚇道：「要是敵方敢再越雷池一步，我們會義無反顧地將你們全數殲滅。」中國政府發起大型示威遊行，號稱召集了四億忿怒的中國人齊唱「打倒新沙皇！」

在今日烏克蘭戰事方酣以及各國為了台灣與中共進行軍事角力擔心引發核戰之際，歐美國家在提及全球上一次最接近的類似事件，都會想到一九六二年的古巴飛彈危機。但其實在一九六〇年代後期東歐陣營和西方僵持不下時，「在亞洲中心地區人人心中最擔憂的問題」就是如美國記者哈里森．沙茲伯里（Harrison E. Salisbury）所陳：「開戰了嗎？」一場「比颶風還具毀滅性的戰爭，一場會將全亞洲化為火海的戰爭，一場原子彈爆炸後輻射落塵會襲捲戈壁沙漠和東北平原，甚至連西伯利亞的針葉林帶也無法倖免的戰爭」。

當時人們擔心的就是蘇聯和中國會引發核子大戰，而李方偉的家鄉黑龍江省就位居最前線的引爆點。在黑龍江省北方和東方綿延著中蘇這兩個敵國長達七千公里國界的一半，而中蘇早在這之前，就已經為了共產主義正確路線之爭而橫生齟齬。

我們現在很難瞭解當時在中國極東北省分的人民過著什麼樣的生活，這些人想的是什麼，又感受到了什麼。當時各國派駐中國的外交使節是不准離開北京的，也很少外國人旅華，就算有也不能到處走，外國的情報人員在那些年頭更別想有機會好好深入觀察中國這個龐大的帝國。根據我們所能取得的有限資料來源，有件事倒是很清楚：當時的中國，尤其是在臨近國界的地帶，籠罩了一股驅之不去卻又說不上來的大戰將臨氛圍。兩國各自調動數十萬軍人前往國境邊緣。許多中國大城市裡開始挖壕溝和掩護，鄉下地區甚至還挖了地道直通山裡，以做為萬一蘇聯發動攻擊時的避難所。北京高層想盡辦法要說服人民，這會是一場「大型核武戰爭」，東北方和西伯利亞各地城市都會遭到核彈襲擊。當時中方對蘇方發動第一擊的擔憂高到連國家領導人毛澤東都棄首都而去，往南躲到一千公里外擁有百萬人口、位於長江畔的華中城市武漢去避難，而在五十多年後，武漢更不幸因為在其市中心海鮮市場流傳出一種病毒，不久後病毒更襲捲全球而聞名世界：這個病毒就是新冠病毒。

一九六〇年代末期，中國北方邊境的男女老少全都做好準備，萬一蘇聯發動了核武攻擊，他們要發動游擊戰以對抗入侵者，以響應毛澤東「作戰不分男女老幼」的呼籲。

攝影記者李振盛記錄了軍方的準備行動，當時他受聘於黑龍江省的黨報《黑龍江日報》。在李振盛的黑白照片中，我們看到小女生持木製長槍立正站好，還有給迫擊砲上彈藥。工廠工人光著上身，手持五六式半自動突擊步槍涉水過河。這種槍是俄製衝鋒槍卡拉什尼科夫（**Kalashnikov**）的中國版。

「烏蘇里事件」三年後的一九七二年九月十八日，李方偉出生在當初兵凶戰危的地區。要確切知道他的出生地很困難，但有跡象指向甘南縣查哈陽鄉一座大型農場。

在李方偉出生前幾年那段時間，查哈陽鄉曾經進行過一項非常粗暴的社會實驗：一九六六年毛澤東發動了文化大革命，他以要將全中國的資本主義和資產階級毒素清洗乾淨為由，讓全中國的人民都變成了告密者和殺人凶手。子女抹黑父母為「反革命分子」，先生則將太太送往勞改，學生親手溺死老師。成千上萬人被送去再教育營接受毛澤東口中所謂的「思想改造」。在當時，就連擁有一只手錶都得要擔心會不會因此被人視為資本主義者。根據史學家的估計，到一九七六年為止，共有數百萬中國人的性命成為這波擁毛紅衛兵狂熱下的犧牲者。

當時中華人民共和國城裡的青年全都搭上了特派火車離家，計有數十萬人前往「北大荒」這個鄰近蘇聯的中國邊疆地帶，這些人中最小的只有十五歲，最大的二十歲左右。他們投入黑龍江省由人民解放軍少將所帶領的「生產建設兵團」。即使到今日，該兵團依然掌管查哈陽鄉的農場。而一旦發生戰爭，這些知青就要擔起捍衛北方國界的任務。生產建設兵團中的知青沒有機會在學校念書，也無法畢業，而是要下田工作，而且往往面對著最貧瘠的土地，胼手胝足趕牲畜耕作。

李方偉的母親就來自甘南縣，他父親的家鄉則無從得知。很有可能他父親就是當年文化大革命時被送往北大荒的知青。會不會是他在生產部隊工作時，在甘南認識了李方偉的母親？我們現在可以查到的是，生產部隊的第五師當時就被派到查哈陽鄉，但無法取得其部隊知青名單。因為紅衛兵時代至今都是中國的禁忌話題。

毛澤東視黑龍江省為「大無產階級文化革命」的前鋒。中共的傳聲筒《人民日報》誇獎該省是「東北黎明的第一道曙光」，原因就是因為文化大革命的熱潮最早襲捲該省。一如其臂章「紅色新聞兵」所示，《黑龍江日報》攝影記者李振盛將所看到的一切都用攝影機拍了下來，其中有些畫面甚至可能會害他送命。他因此在自己公寓的地板鋸了個洞，藏匿為數上萬的祕密攝影檔案。直到事隔二十年後，他才將這些照片偷偷夾帶到國外。他以好幾年的時間，以小包裝分寄的方式，總共寄了三萬張照片到紐約的一家攝影機構，該機構隨後在二〇〇三年將照片集結成冊出版。書中畫面成了文化大革命最讓人印象深刻的寫照，這些照片也讓我們看到李方偉出生時黑龍江省的生活狀態。

這些照片讓我們看到了恐怖和懼怕：被塞住的嘴、被打破的臉、處決。解放前的地主和被指控的反革命分子全被送到人民法院受審。這些人好幾個小時低著頭受審，之後胸前掛上寫著罪名的紙板，戴上紙糊的高帽，就這樣遊街示眾。他們一些人兩眼空洞，其他人雙眼驚恐地大睜，臉部因痛苦而扭曲。

但同一時間，中國人民正瀕臨饑荒，百業俱廢。人民沒有錢受教育或是就醫，有些地區的婦女甚至衣不蔽體，連遮羞的布料都沒有。她們光著身子上街。但這樣的中國在一九七三年的全球軍事預算排名中卻高居第三，打腫臉充胖子的虛胖，因為儘管毛澤東硬讓中國擠進了擁核大國之列，中國卻缺乏飛彈，無法發射核彈頭。人民解放軍空有飛機但不能飛，空有軍艦但幾乎下不了水。

當時中共內部有股微弱的聲音希望開放經濟，卻被毛澤東怒斥：「寧要社會主義的草，不要資本主義的苗。」類似的話他常掛在口中。

一九七三年底毛生日過後，他的健康突然惡化，近乎失明，口齒不清，膚色如蠟，有時接見國賓都還在打呼無法清醒。他的私人醫療團隊診斷出他患了罕見且無法治癒的神經疾病，會導致他逐漸癱瘓。病情先是影響了他的手臂和雙腳，隨後喉嚨和舌頭也受到影響。他再也不能抽菸，更漸漸連走路也很吃力，連他最熱愛的游泳也不再可能。最後他甚至要靠人餵食。一九七六年九月九日零點十分，這位「備受敬愛的偉大領袖」病逝北京。

毛一過世，文化大革命的倒行逆施就結束了。李方偉四歲生日前幾天，整個中國突然間安靜了下來。然後中國開始開放，經濟體制從根本開始變化，一時之間中國人眼前滿是機會，這個機會被未來的李方偉好好掌握住了。

第5章
泰晤士河畔的火箭科學

在倫敦離泰晤士河十分鐘路程的小公園裡，有一棟綠色球形屋頂的雄偉建築，踏進其大門，就會前往人性最墮落的深淵。過往，這座建築中有著以不人道方式對待病患聞名全國的精神病診所，如今遊客則是來這裡看那兩門大砲。這兩門砲是從一艘戰艦上卸下來的，該戰艦所屬艦隊讓大不列顛得以在二十世紀上半葉稱霸海上。

另一邊在南華克區蘭貝斯路上那棟建築，則是世上最重要的軍事博物館。帝國戰爭博物館（Imperial War Museum）展示著大英國協在二十世紀曾經參與戰爭的陳列品。博物館中庭屹立著所有展品中最雄偉的一項：坦克車、各型榴彈砲、噴火戰鬥機（Spitfire）以及獵鷹式戰鬥機（Harrier）。但在整個中庭裡最巨大的陳列物是一具飛彈：二戰德國所使用的V2火箭。

這頭怪獸外觀是橄欖綠，有十四公尺高，最頂端觸及博物館三樓，光是尾翼就比兩個人高。V2火箭是當代所有威脅人類安全各式飛彈的始祖，可以說是眾飛彈之母。就像它在帝國戰爭博物館中庭的姿態一樣，既是戰利品，也是忠告。

飛彈技術是一九三九年由納粹工程師開始發展的。德國政府的宣傳機制當時把這種飛彈稱為「復仇武器二號」（Vergeltungswaffe 2），簡稱為V2。這枚飛彈可以說驚人地見證了當時工程技術之最：一九四四年九月八日，德國朝倫敦發射了第一枚V2飛彈；在二戰結束前，德軍一共朝英國、比利時和法國等目標發射了三千枚上下的V2飛彈。每枚V2飛彈載有七百五十公斤的炸藥，飛行超過數千公里，威力之大，只要一顆就足以炸毀一整排房屋。據估計死在這飛彈之下的人數大約為八千到一萬兩千之數，主要集中在倫敦和安特衛普。

帝國戰爭博物館在二戰期間也沒能逃過這種飛彈的毀滅威力。一九四五年一月四日晚上八點二十九分，一顆V2飛彈就落在離博物館不到一百五十公尺遠的地方。這次的爆炸一共奪走四十三條人命。飛彈擊毀了一棟民宅，也波及附近數棟屋子，而戰爭博物館也在其中。「完全沒有預警，沒有空襲警報，沒有飛機接近的聲音，一來就是爆炸聲。」戰爭博物館的網頁上這麼寫道。

儘管德國擁有V2這樣的武器，納粹黨終究輸了二戰。不過希特勒的德國卻讓世人第一次見識到這種被學術界稱為「彈道飛彈」的武器有多大範圍的殺傷力。和所謂的巡弋飛彈不同，彈道飛彈只有在發射階段獲得推進力。射出之後的彈道像一般的拋物線，會先以近乎垂直的角度上升到大氣層邊緣。到達頂點後，如果是V2，高度大約離地九十公里，然後彈頭會朝向地面，接著飛彈會加速朝目標而去。

從歐洲內陸發射的V2飛彈只要短短幾分鐘就可以抵達倫敦。飛彈以四倍音速墜落在英國首都。雖然準確度很低，但在人口稠密的倫敦足以造成成千上萬的死傷，堪稱是恐怖武器。而且其攻擊往往迅雷不及掩耳，突然就到，因此更讓百姓聞風喪膽。即使到今天，許多英國人都還是用V2這個縮寫來代表二戰的恐怖。

當時單在倫敦一地就遭到五百多枚的這種飛彈攻擊。如今可以在網上查詢到確實的爆炸地點，谷歌地圖上以紅色記號標示，並且標出死亡人數和當時的情況。將該區的谷歌互動地圖放大，則會看到整個倫敦地區都呈現紅色。

就在帝國戰爭博物館所在地遭到轟炸前一個月，有一枚V2飛彈落在館外一公里半處的泰晤士河中。該枚飛彈差一點就擊中座落在河岸兩側的國王學院。多虧該飛彈失誤，才能保留校園內那座新古典主義風格的宮殿，而這座宮殿如今成為國際間最重要的核彈和飛彈零件走私研究機構所在地，也就是阿爾法計畫（Project Alpha）。

這個研究中心由英國政府成立於二〇一一年，目的是要（說來有點繞口）以「學院的嚴謹態度，但政策導向的方式」來探討這些問題。簡單說就是由退役軍人、公務員和六名左右的年輕分析師所組成的團隊，共同探討伊朗、北韓、敘利亞和其他聲名狼藉的國家如何取得大規模毀滅性武器，並探討阻止他們的最佳策略。此地研究人員的工作其實和情報人員沒有兩樣，只是他們更講究科學方法，而不是靠跟蹤和監視。據說，英國對外情報機構軍情六處會看他們的報告，該處就在離此幾分鐘路程的泰晤士河上游；德國聯邦情報局的分析師也會參考他們的報告，國際原能總署和聯合國安理會同樣會看。

阿爾法計畫不起眼的辦公室門口寫著「輻射塵避難處」。在靠牆的一張辦公桌上有一台大螢幕的電腦，房間正中央是一張會議桌，另一張白板上有人正在寫著一家伊朗公司的名稱。伊恩．史都華（Ian Stewart）負責接待我們，他是個快四十歲、臉上鬍渣有幾天沒刮的結實男性。他是核子科技工程師，同時擁有戰爭研究的博士文憑，在成為阿爾法計畫的研究主任之前任職於英國國防部。

史都華熱心地跟我們打招呼，並示意我們坐到那張長會議桌旁。「那我們就來談談這位中國幽靈吧。」會議桌旁已經分別有一位法國財經專家、一位德國政治學家、一位英國的中國研究專家和一位土耳其裔的武器專家在等我們，其中最後這位武器專家過去在北約情報融匯中心（NATO Intelligence Fusion Centre）工作，該軍事同盟負責分析整匯北約各會員國所取得的祕密情報。對我們而言，這些專家是非常難得的資源。因為關於卡爾．李的事，一般情報單位沒事可不會隨便讓我們知道。但是阿爾法計畫這些專業人員卻是毫無保留地樂意與我們分享他們的發現。

這幾位專家推測，全球有數十名男性（這個行業很少看到女性）只要有錢，什麼都會幫你搞來，或至少去幫你調調看，像是可以讓飛彈射程更遠、重量很輕的鋁材，或者像是打造原子彈和飛彈導航系統所需的石墨或是電子零件等等。

我們也從那次在維也納的談話中得知，這些「死亡商人」並不如一般人想像中由尼可拉斯．凱吉（Nicolas Cage）主演驚悚動作片的部分原型人物——俄國軍火商維克托．布特（Viktor Bout）那樣。布特在蘇聯解體後，從華沙公約組織的庫存買來大批武器，再將其中的機關槍、迫擊砲和地雷等轉賣給包括剛果民主共和國、利比亞、獅子山、安哥拉、盧安達以及蘇丹等國。只要非洲大陸有戰事發生，布特的運輸機就會降落在這些國家，數量可達六十架之多，機上滿是致命的武器貨櫃，甚至連沒有鋪面的灌木跑道也願意降落。成千上萬的非洲人死於這些武器。

阿爾法計畫小組在追查的死亡商人行蹤都很低調，幾乎沒有人認識，但也因此更加凶險。伊恩．史都華給我們看了一張照片，一個害羞又有點哀傷的年輕人，「很有意思的小伙子」。他就是那位維也納專家跟我們提到過的人：二〇〇二年丹尼爾 F（Daniel F）不過才二十出頭，就已經開了一家進出口公司。該公司草創時期的廣告手冊上自稱是可以為客戶向各行各業調到各式零件和組件的公司，廣告標語很簡單：「一招搞定所有問題」，後面加了三個驚歎號。這位奧地利人在格拉茲一個住家提供服務，同一地址還有一家每週六固定辦變裝表演的夜店。

這幾位研究人員告訴我們，他們是如何查出丹尼爾的公司網路，也重建了他如何成為國際間共同追捕的軍火商的過程。這名青年創業家才剛創業不久就被祕密情報機構盯上，伊恩·史都華和這幾位同事從二〇一〇年公開的維基解密中查到了美國國務院祕密電文，電文中就顯示了這件事。美方相信這名奧地利軍火商和其父親正在提供伊朗政府飛彈計畫所需零件，而奧地利官方也在維也納機場查獲了一批測量器材，要送往一家由伊朗政府飛彈計畫所成立的掛名公司。不久後又有一批石墨圓筒船運被查獲。奧地利政府終於在二〇〇六年對丹尼爾和其父親發出通緝令。

結果是爸爸被拘留審訊，兒子卻逃到了杜拜。雖然他很清楚自己已經被中情局盯上，仍然沒有罷手的意思。二〇一二年美國財政部對其在阿拉伯聯合大公國的公司祭出制裁後，他的活動受到限制。丹尼爾只好逃往菲律賓，但在同年底就被菲律賓政府遣送回奧地利。

二〇一四年，丹尼爾向格拉茲地方刑事法庭認罪，坦承自己違反奧地利出口法規，此案以罰款了事。據我們所知，他現在已經不從事軍火走私。但對於過去的一切，丹尼爾完全不願再提。他回給我們的電子郵件語氣相當客氣，還祝我們「新書出版順利」。

但我們此行來倫敦為的不是丹尼爾，我們想問的是關於卡爾·李的事。

而不用我們多問，光聽到這個中國人的名字，伊恩·史都華和其同事就立刻滔滔不絕講個不停。他們稱他是「伊朗飛彈計畫的關鍵人物」，並提到李方偉用來隱藏其金流的境外公司。「他的作為雖然還沒引起大眾注意，也沒有好萊塢電影以他為題材，但這不表示他就比較沒有危險性。」史都華道。卡爾．李賣的既不是機關槍，也不是反坦克火箭或是手榴彈，他賣的產品甚至壓根就不像是武器，因此也就「沒那麼引人注意」，史都華這麼表示。因此卡爾．李也不像傳統的軍火商那樣，需要動用到卡車或是運輸機運送貨物。比如說擊中十公尺或甚至一公尺範圍內飛彈需要裝設的陀螺儀，其大小往往如同手機一般，把它藏在公事包裡完全不會引人注意。有些飛彈的引擎還可以冒稱花瓶安然通關。據美國官方的資料，二〇〇八年數名伊朗外交官就將卡爾．李所提供的陀螺儀和加速器藏在隨身行李中，從中國走私攜往德黑蘭。

在卡爾．李這條軍火供應鏈末端的客戶，不僅用這些軍火零件來殺人和造成毀滅，也用這些軍火造成整個中東地區的政局不穩定，萬一這些東西落入不對的人手裡，甚至可能會引發世界大戰。

二〇一四年史都華和同事丹尼爾．沙茲伯里（Daniel Salisbury）針對卡爾．李寫了一份二十六頁的報告。他們指出，這名中國人帶來了巨大威脅，需要各國「將之視為最迫切的目標」才有可能解決。兩名研究員所引用的資料來源基本上任何網路用戶都可以取得，但不見得容易找到或容易判別真偽。他們檢視了許多中國政府的登記資料，並比對中方和美方的制裁名單，最後得出結論發現卡爾．李至少可以調動十二間公司來行事，而這十二間公司過去或現在的總部全都在中國的海港城市大連和其周遭鄰近北韓邊境的地方。只要其中一家公司遭到美國政府制裁，卡爾・李就會再創一家新的，或者將該公司改名字。

史都華和同事的報告中稱他為李方偉，並指李長期以來都向中國西部大城重慶訂購陀螺儀和加速器。他旗下一家公司還曾是上海一家以生產強韌精密光纖陀螺儀公司的客戶。卡爾・李也曾被人看到在歐洲搜購某款特殊機械。

但是李方偉不像前述的奧地利軍火商那樣只是單純地轉手軍火，他很顯然在多年前就已經轉型為軍火製造商。

我們訪問的這群倫敦科學研究員從中文網路上找到很多徵人廣告：卡爾・李的公司在徵製造光纖陀螺儀的專家。因此卡爾・李「嚴重威脅到國際和平與安全」，史都華和沙茲伯里在報告中這麼寫道。

還不只如此：阿爾法計畫的研究人員逐漸知道哪些公司背後有卡爾・李在操縱，他們也慢慢發現其中一家公司竟然有公司專屬網頁——大連中創碳素有限公司（Sinotech (Dalian) Carbon & Graphite Manufacturing Corporation），該公司網頁上羅列了生產產品如點火電極棒等。據美國政府的調查，這一類產品正是李方偉成噸走私到伊朗的貨品。

透過衛星畫面，這幾位倫敦研究員更發現大約在大連北方一百四十公里處有一個工廠區，約有十幾個足球場那麼大。

一名軍火商竟然可以生產出這麼大批材料，就連阿爾法計畫的專家也是前所未見。到目前為止，他們已經掌握到經手交易這些特殊零件之人的行蹤。一名軍火商竟然身兼製造商，光這點就已足夠耳目一新。這還不是最聳動的，更不可思議的是，這些石墨明顯就是出口用的。該公司擁有「國際經銷權」，其網頁上如此明載。

阿爾法計畫的專家還將卡爾．李與聲名狼藉的巴基斯坦工程師阿卜杜勒．卡迪爾．汗相提並論。阿卜杜勒正是維也納和我們碰頭的專家提過的人，許多國家在他的協助下獲得了核彈。「除了卡迪爾．汗，再也沒有核武擴散相關技術的廠商這麼大膽，一而再地當著各國政府和國際主管機關的面，將其產品賣給受國際制裁的國家使用。」倫敦的專家們這麼說。而另一方面他們也不諱言，還有些問題沒有解答：「躲在卡爾．李這個名字後面的人是誰？這個生意人是打哪來的？他怎麼能夠從事這行這麼久？明明留下了這麼多蛛絲馬跡，怎能從未落網？而當前最迫切的問題是：他的軍火買賣網絡布線多廣？還有牽涉別家公司嗎？這些公司又生產哪些技術？」

就在我們和史都華及他一干同事在國王學院歷史悠久建築裡開會的那天，幾位專家能給的答案都被我們問完了。

他們能告訴我們的就這麼多：卡爾．李可能還在中國境內。「中國政府老早以前大可以出手阻止，」史都華指出，「但得要他們先有那個心。」卡爾．李顯然也察覺到中方完全沒這打算。大連中創碳素這家公司反而享譽國際，卡爾．李幫它起了個可靠的新公司名：TST

Carbon，以便在國際上更響噹噹。不過該公司的中文名沒有變。另外就是他的家人。家族成員進入他公司上班的人數高得驚人，包括他的父親李桂建（Li Guijian），母親宋丙興（Song Bingxing），以及小他三歲的弟弟李方東（Li Fangdong）。

這其實是常用的洗錢招數，一些寡頭和獨裁者都懂，這樣可以幫他們把資產化為無形：通常是獨裁者自己不開戶，由他的老婆在瑞士開個戶頭，或是想藏錢的首相自己不開戶，由他的兄弟在加勒比海開個空殼公司。

這種情形我們在巴拿馬文件看過了。巴基斯坦前總理納瓦茲・夏立夫（Nawaz Sharif）過去就幹過同樣的事。二〇一五年一名匿名吹哨者將巴拿馬財務服務公司莫薩克馮賽卡（Mossack Fonseca）律師事務所的機密文件外流，讓我們看到大型販毒集團、人口走私集團、頂尖運動員、獨裁者是如何藏錢於海外。該外流文件也記錄好多政府領導人，或者其親戚的資金進出該公司的證據。

伊恩・史都華在告別時也對我們提及巴拿馬文件，說那裡頭其實也透露了卡爾・李和其替身的蹤跡。不過這對我們倒不是新聞，因為聯邦調查局前分析師亞倫・阿諾德也提過這件事。我們已經翻閱了數百頁相關資料，而有些線索看起來大有可為。

第6章
李方偉的歐洲足跡

從酒吧出來，時間已過了午夜。我們側身擠過兩扇門，逃離悶不透風的空間和噪音，迎向冬夜的寧靜。

雖然我們一向喜歡那間酒吧，但那一晚卻特別難熬。踏進這酒吧就像踏進電影世界一樣，短短幾個小時忘了自己身在慕尼黑。酒吧牆上掛著謬迪・華特斯（Muddy Waters）、羅伯・強生（Robert Johnson）以及其他傳奇藍調吉他手的照片，喇叭傳出藍調吉他的特殊滑音。吧台後頭波旁威士忌和裸麥威士忌成行排列，在中國燈籠照耀下，酒瓶全染上一絲暗紅色。但這家酒吧最讓人喜歡的地方是能讓你深深感受到：世界好大，充滿了冒險。

這一晚大半時間我們都在談一個主題，談得欲罷不能。我們聊著聊著，順便給他起了一個綽號叫「飛彈人」。

返家途中，我們又再用谷歌搜尋他，幾乎是下意識地邊走邊用一隻眼睛看著手機，另一隻眼睛留意電線桿和停靠路邊的車子。這說不上是個好習慣又會帶來危險；每當新的題材出現，腦袋就會慢慢被滲透，在一些不應該的時候、不適當的場所，就會一再想要搜尋同一件事，只怕會錯失什麼最新的事態發展，或有媒體報了最新消息，或是最新的研究出現，或者社群媒體上又浮現了什麼不為人知的片斷訊息。在搜尋欄上輸入卡爾．李或是李方偉，這位飛彈人最常用的兩個名字，搜尋結果我們早就瞭若指掌，卻還是一再不放過地從頭到尾往下滑，這已經成了我們的習慣。

突然間出現一條新的搜尋結果，而且還真非同小可。搜尋結果的網址就跟我們的調查一樣：誰是李方偉？（whoislifangwei.com）

一點網址，一行大寫的英文問句立刻映入眼簾，出現在網頁的最上方。這行字下頭寫著：「伊朗飛彈計畫背後的中國人」，旁邊是一張照片，照片中的婦女低著頭，站在斷垣殘壁的瓦礫堆中。這場景立刻讓我們聯想到中東。

該網址首頁先以一張聯邦調查局頭號通緝要犯海報的手機螢幕截圖引人注目，圖片下方有一行字，先是「前言」：「在一九九〇年代中後期，中國北方一名商人開始大量出口各式特殊零件和材料到伊朗。專家發現他違反了聯合國出口制裁，提供伊朗飛彈科技，隨後他開始以激烈手段逃避各國主管機關的追捕。」這段引言用簡單的三言兩語就把我們的調查進度概述完了。

身為新聞記者，對於這種事特別提心吊膽。我們一方面覺得這個調查很有意思，也很特別。我們原以為（也這麼希望），我們是唯一追蹤這條線索的人。如果這時網路上出現這樣一個網站，不就表示也有人在調查這件事？那會是誰呢？他又在多遠的地方？我們一邊閃著停在人行道上的自行車和花盆，繼續看著那網站的內容。

「這人換了好多個名字，也開設了好多為了洗錢和進行非法交易的掛名公司。即便二〇一四年聯邦調查局所發布的一則拘捕令對他懸賞五百萬美元，還有諸多的指控和制裁，他這些掛名公司和他個人卻還是受到許多政府的保護，繼續做這門賺錢的生意。」網頁上這麼寫道。伊朗政府運用李方偉所提供的技術研發飛彈計畫，在中東地區製造混亂和死亡。

這寫法感覺就像那位我們在哈佛會晤的前聯邦調查局分析師亞倫．阿諾德會寫的分析，又或者是其他專家會寫的，比如我們在維也納會面的那位。

再往下讀。

「誰是李方偉？誰和他合作，又是誰在保護他？」這段前言最後這麼結束。這也正是我們在問的問題，但除此之外我們也在問：這網站背後的人是誰？不管是誰把這些資料貼上網，他對自己的目的毫不保留。「我們的任務是，」下文講得斬釘截鐵，「讓更多人知道李方偉對於中東動盪不安的影響。」

讀到這裡讓我們定住了，太不可思議了。我們往下點進其他頁面，其中一頁揭露了作者群的身分是一群學生。「世界遼闊美好，人類有權享有和平。」網頁上這麼寫道。這群學生來自全世界各地，他們在一年級時成為朋友，想一起看世界。

這個卡爾．李研究計畫始於老師的鼓勵。他要學生們從世上找出一件不公不義的事來加以對抗。這些學生於是選擇了卡爾．李，因為他們在課堂上讀過一份關於他及其擴散大規模毀滅性武器影響力的研究文獻。或許他們在課堂讀到的文獻就是來自倫敦國王學院阿爾法計畫，那群我們剛拜訪過專家們寫的報告。

我們繼續瀏覽網站，人還是站在路邊人行道上，無視現在是大半夜又是戶外。這些自稱學生的人在網頁上寫的文字，不知怎的看起來就是很怪：「世界正處於很糟的狀況，要是一般百姓不自發改變現狀，那麼一切都會每下愈況。」網頁最後他們發出一段呼籲：「在這當下人們正在死去。我們一起來阻止這事發生。」

我們想認識這些學生還有他們老師，但在網頁上怎麼也找不到聯絡的地址、電子郵件或是電話號碼，也沒有任何線索可以知道這些學生的姓名或是他們的主修，乃至他們所讀的大學。甚至連他們所在國家都沒有提到。

這益發顯得可疑。想要改變世界，要尋找志同道合的夥伴，又想要盡可能接觸到越多人越好，這樣的人應該會想要大家和他們聯繫，好能眾志成城吧？

什麼樣的人會反而選擇隱身在這網頁背後呢？

面對這類的情形，我們和其他記者通常採用一種方法：有個資料庫叫做 Whois，在這裡可以查到每個網站的登記人。搜尋後，網站吐出一整排的資訊如下：

Domain Name: WHOISLIFANGWEI.COM
Registry Domain ID: 2313623286_DOMAIN_COM-VRSN
Registrar WHOIS Server: whois.sawbuck.com
Registrar URL: http://www.automattic.com/
Updated Date: 2018–09–24T12: 12 : 32
Creation Date: 2018–09–24T11: 26 : 04
Registrar Registration Expiration Date:2019–09–24T11: 26 : 04
Registrar: Automattic Inc.
Registrar IANA ID: 1531
Reseller: WordPress.com
Domain Status: clientTransferProhibited https://icann.org/epp#clientTransferProhibitedDomain Status: clientUpdateProhibited https://icann.org/epp#clientUpdateProhibited
Registry Registrant ID:
Registrant Name: Private Whois

Registrant Organization: Knock Knock WHOIS Not There, LLC

Registrant Street: 9450 SW Gemini Dr, No. 63259

Registrant City: Beaverton

Registrant State/Province: OR

Registrant Postal Code: 97008–7105

Registrant Country: US

Registrant Phone: +1.8772738550

Registrant Phone Ext:

Registrant Fax:

Registrant Fax Ext:

Registrant Email: whoislifangwei.com@privatewho.is

Registry Admin ID:

Admin Name: Private Whois

Admin Organization: Knock Knock WHOIS Not There, LLC

Admin Street: 9450 SW Gemini Dr, No. 63259

Admin City: Beaverton

Admin State/Province: OR
Admin Postal Code: 97008–7105
Admin Country: US
Admin Phone: +1.8772738550
Admin Phone Ext:
Admin Fax:
Admin Fax Ext:
Admin Email: whoislifangwei.com@privatewho.is

Whoislifangwei.com 這個網域是在二〇一八年九月註冊的，就在我們谷歌查到它幾禮拜前而已。裡頭也可以看到註冊這個網站的機構。這個機構的名稱很古怪：「敲敲門沒人在有限責任公司」（Knock Knock WHOIS Not There, LLC）。創這個網頁的人採用一種特殊服務以便保持匿名，還用了專業網際網路服務供應商，用美國電話號碼和比弗鎮（Beaverton）的地址，這是美國奧勒岡州的一個城市。只有這家公司知道這個網域的所有人，但這家公司不願意透露客戶身分，因為這是他們的商業模式：保密為尚。

不管網頁的創辦人是誰，他或她肯定是下了很大功夫，確保自己的真實身分怎樣都查不到。

他們之所以匿名的原因或許很單純：學生當然不會想和國際通緝罪犯公開扯在一起。但如果是這樣，至少也應該解釋一些原因，留個幾句話，表示很抱歉無法留下直接聯絡方式。是為了安全起見嗎？有可能這些人只是人頭，我們慢慢開始懷疑起來：這應該是高人的行徑，學生身分不過是障眼法。

卡爾．李肯定不樂見該網站的做法：創辦人呼籲所有知道卡爾．李任何事、其與伊朗及其飛彈關聯的人在網站留言處公開留言。網站創建人還寫道，他們希望藉由向世界公開卡爾．李的事，讓世界不那麼「可怕」。為此還特別建立了中文和阿拉伯文兩個討論區，因為這些人正是受卡爾．李行為影響最深的族群，網站上這麼寫道。

這些學生會不會也會說中文和阿拉伯文？我們又因此想到：伊朗不也想用飛彈消滅以色列嗎？就此點而言，以色列人民也受到卡爾．李為害甚深，但是網站卻沒有設立希伯來文區。

我們越往下看，就越覺得好奇。「哈囉，世界上的大家！」在網站的阿拉伯文部落格上第一筆留言這麼寫道。二〇一八年九月二十四日一位匿名用戶登錄了，他引用了一段相當不學術的話：「只要還有報應在，世界就會改變。總是會有報應要交待。」這段話引用自柏林龐克偶像歌手妮娜．哈根（Nina Hagen），她過去幾年一再因心靈追尋和幽浮理論而登上新聞版面。

部落格第一名用戶的留言竟然引用德國女歌手的話。這是怎麼一回事？

午夜過了好久。我們的手指都凍僵了，手機也快沒電了。我們都樂壞了。儘管這個網站實際上沒讓我們掌握到更多卡爾．李的訊息，但有人費了很大力氣在譴責卡爾．李，這讓我們有了靈感。要是能夠知道李方偉是誰這個網站幕後操作者是誰，或許能在調查上有點小進展。

隔天一早我們注意到前一晚在該網站上忽略的一個東西：「別忘了加入我們的社群」就寫在網頁上，這是邀請大家和網頁創辦人聯絡，而事實上那裡還留下了推特帳號 @whoislifangwei 以及中文和阿拉伯文的臉書社群連結。阿拉伯文連結中共有一百一十名會員，在首頁是卡爾．李的通緝照片，旁邊則是一枚巨大的伊朗飛彈，一個有趣的細節。管理員在群組裡留下了地址，該地址根本就在我們附近，是南德的大學城海德堡。

第７章

「富裕起來！」

他其實是想要死後火化的，如今他的屍體卻停放在天安門廣場特別建造的陵寢之內：毛澤東，中國的偉大舵手就長眠在一具水晶棺中，上面覆蓋著中華人民共和國國旗，身體裡注射了二十二公升的甲醛。

這麼安排是中共中央政治局和其遺孀的意思，讓這位在中國人民和共產黨員心目中神一般地位的領袖，跟死後被安置在莫斯科的蘇聯國父列寧一樣，長眠水晶棺中。

在一九七六年九月十八國葬當日，據說共計有一百萬人來到天安門廣場弔唁。下午三點時，共和國全國默哀三分鐘，數億中國人同時低著頭，全國各地火車、軍艦和工廠警笛同時大作，一個時代走到盡頭。

一九七八年北京召開第十一屆中央委員會第三次全體會議。原本只是官僚作風黨員例行的官僚式會議，卻成為二十世紀世界史上最重大的事件。在《華盛頓郵報》（*Washington Post*）眼中，這群中國高幹的聚會意義之大，不下於日後柏林圍牆倒塌。但從照片中完全看不出來這種重要性，只是些不起眼的照片，裡頭盡是些老先生，摩肩擦踵坐在北京京西賓館空盪盪的大廳中。十二月十八日這天，當時七十四歲的鄧小平主持會議。這位身高一五二的農夫之子和他的黨內同志們，近幾個月來為了毛的繼承權拚個你死我活。在全會開始前幾天，這群人宣布未來要著手進行與美國建立外交關係的計畫。而未來的四天，黨中央高層則要為沉痾已久的中國經濟想出解方，改善全國人民貧困。

年事已高的鄧小平是階級鬥爭的老手。一九〇四年出生於中國西南省分四川的他，十六歲離開了家鄉。在法國雷諾汽車工廠裡，他見識到資本主義的嚴苛，因此成為共產主義者。在法國待了五年後回到中國，回國途中轉道莫斯科，參加了短期軍事訓練並學習馬克思思想，最後在一九二七年返回家鄉。

在中國他和毛併肩作戰對抗國民政府，很快就升為總司令，戰後更被指派為總書記，但在一九六六年毛發起的文化大革命期間失勢下台。他成為紅衛兵的批鬥對象，被下放並遭到羞辱。紅衛兵還凌虐他的兒子，隨後更逼著他從北京大學三樓高的校舍一躍而下，從此下半身癱瘓[2]。鄧自己則被下放到中國中部省分江西在那邊修理拖拉機。「工廠離他家有二十分鐘腳程，」中共黨媒《人民日報》在鄧八十大壽時回顧這段艱苦的日子道。鄧擔任車床裝配工。「年輕時他在法國當過鎖匠，事隔多年，他依然能夠像往日那樣熟練且仔細地從事這些工作。」

鄧想建設中國，帶領中國走出貧困。中國應該要走出毛時代和文化大革命意識型態的紛亂。他很清楚中國現在需要的是建立國際關係、國際貿易，並獲得國際投資。

一九七八年十二月在北京京西賓館舉行的第十一屆三中全會上，鄧為這些項目打下了基礎，並對其國人喊出了此前共產主義中國從未聽過的口號：「中國人要富裕起來！」

鄧的路線非常務實，他像是在湍急河水中小心翼翼「摸著石子過河」一樣，這是他對自己政策的形容。不要「一下子爆起」，而是要先試辦幾個計畫，先是一座城，然後擴及一個區，最後才是全國。

其中一個案例就是深圳特區。一九七八年時，當地不過是緊鄰香港的一些小村莊，大片大片的稻田，到處野草，住民除了有兩名工程師外，其餘都是農夫和漁民。這裡是中國第一座經濟特區，如今擁有超過一千五百萬居民。深圳的成功模式在一九八四年轉移給另十四座沿海城市，其中一座就是大連市。

大連位於中國東北的遼寧省，離北韓邊界不遠。十九世紀中葉英國在這裡建了海軍基地亞瑟港（Port Arthur，旅順口區）。日後日本拿下這座城後，二戰時又為俄國所占領。一直到一九五〇年俄國才將大連交還中國。數十年後該市成為經濟特區的一部分，發展出繁榮的貿易與金融中心，也成為李方偉及其遍布各處軍火企業網絡的營運基地。

2 受害者是鄧的長子鄧樸方，當時就讀北大物理系。傷為胸椎壓迫性骨折導致腰部以下癱瘓。——譯注李方偉一家人是何時又如何從一千公里北邊的甘南向南移到數百萬居民的大城大連，我們找不到答案。在臉書上的搜尋只有一個卡爾・李是來自大連，個人檔案中寫他出生於一九七二年九月十八日。個人檔案中寫他喜歡「交流電／直流電」樂團（AC/DC），歷年活動紀錄的貼文則有「最佳十大摧毀城市電影場面」等。據他的個人檔案，李方偉曾在大連念過一間中學。學校名很簡單，第二十四中學，是間名校，就在大連工業港走路可以到的一棟紅磚建築。目前學校的管理階層對其悠久歷史和其與中共黨中央的連結頗為自豪。打從一九四九年建國以來，中共革命先烈和重要幹部的子女都畢業自第二十四中學，該校網頁上這麼寫道。李方偉的出身很適合這所學校，如果那位自稱認識李方偉祖父的美國調查員所說屬實：他祖父據說是人民解放軍的陸軍上校，還打過韓戰。

李方偉大約是在蘇聯為首的東歐集團解體前後畢業的，這同時中國共產黨也正面臨巨大的壓力。一九八九年春，學生和工人聚集北京進行為期數週的示威，要求中國民主開放。同一年柏林圍牆倒塌，中國首都卻駛進了坦克。一九八九年六月四日晚，解放軍戒嚴部隊對天安門廣場上的示威人群進行鎮壓，展開了一場大屠殺。北京市主管當局稱這場鎮壓造成兩百四十一人死亡，但人權組織則估計受害者至少上萬。

美國和許多歐洲國家對此祭出武器禁運制裁，這項制裁至今未撤銷。中國的領導階層則想盡辦法想將這場血腥鎮壓從全民的記憶中抹除。六四死亡人數成了國家禁忌，公開談論此事更會遭到有關單位強力打壓。就連只是提及一九八九年六月四日這個日期，都是中國媒體的禁忌，在網路上則遭到嚴格的審查。

李方偉肯定不會是天安門廣場上向專制政權示威並要求自由的學生之一。他日後成為中國公務員，至少這是北京外交部人員對美國外交官說的。根據他們的說法，李方偉在那段擔任公務員的期間建立了人脈，在他離開公職，進入私人企業經商後，這成了他做生意的根基。

一九九八年六月一家名為大連保稅區雷姆特經貿有限公司（LIMMT Economic and Trade Company Ltd.）簡稱 Limmt 成立於大連，該公司使用大連市中心新開路八十二號一棟外觀平凡辦公大樓的二十五樓多個房間為辦公室。這個地方沒多久就被美國和其他國家的調查人員和情報機構盯上，國王學院那群研究員不久後也發現了。該公司的登記文件上，卡爾・李的父親李桂建是公司當時的靈魂人物；他既是股東，還是總裁。不過公司的商務總監則由李方偉掛名。

六年後，美國調查員在一座南韓商港攔截到一船石墨貨櫃，其目的地是伊朗。之後沒多久的二〇〇四年九月二十三日，美國國務院第一次對雷姆特祭出制裁，理由是運送禁運原料給伊朗。這些都是製造飛彈所需的原料。

第8章 不在場的控訴

年輕的羅伯·莫里斯·摩根索（Robert Morris Morgenthau）向上天發誓的那天，正好也是希特勒的生日，而此後數十年間，無數罪犯都要聽其發落。摩根索當時才只有二十四歲，正在美國驅逐艦蘭斯代爾號（U.S.S. Lansdale）上擔任少尉。他們這次出航的任務是保護商船通過地中海，因為他們要不時提防德國海軍、潛艦、快速戰艦和炸彈的襲擊。

一九四四年四月二十日這天，這艘長達一百公尺的驅逐艦護衛了比以往更多的商船從阿爾及利亞前往突尼西亞。護航艦隊通過阿爾及利亞本古特角（Cape Bengut）時，太陽已沉入地平線下，艦上人員在黑暗中只看得到遠方的燈塔，德國飛機卻在這時突然出現。「到處是敵軍的蹤影，我們被團團包圍。」這時還有一艘護衛艦以無線電發出警訊，說時遲哪時快，蘭斯代爾號右舷即發出爆炸聲。該艦頓時傾斜，舵機跟著卡死，整艘驅逐艦就以順時鐘方向在地中海勉強前進。隨後幾公尺外，一發火球照亮了夜空，商船保羅·漢默頓號（SS Paul Hamilton）爆炸了。在德軍猛力攻擊下，蘭斯代爾號已經走投無路。接著兩顆魚雷射來，沒有命中，但蘭斯代爾號傾斜的角度更明顯了。當它傾斜到四十五度時，船長不得不下令棄船，全員撤離蘭斯代爾號。於是那些在第一次爆炸時倖存的船員紛紛從甲板往海裡跳。

羅伯．莫里斯．摩根索少尉也不例外。

摩根索出身自富裕的猶太家庭，家族在十九世紀六〇年代從德國移民到美國。摩根索在紐約長大，和甘迺迪家族和羅斯福家族為世交。在一段一九四〇年代拍攝的影片中可以看到，摩根索在家族莊園花園裡招待溫斯頓．邱吉爾雞尾酒。日後摩根索進入麻州的安默斯特學院（Amherst College）就讀，然後他就報名海軍入伍服役。這名熱情洋溢的海軍新兵因為小時生病一耳近乎失聰的事，顯然沒人注意到。

在一九四四年四月二十日這天，他在海上泅泳了好幾個小時，眼睜睜看著蘭斯代爾號斷成兩截後沉沒，還有十多位同志陣亡。「在我最無助的時候，我向上帝發了好多個誓。」多年後摩根索回憶到。其中最重要的是：「這輩子我要做件有意義的事。」

劫後餘生的摩根索對自己的誓言不敢或忘。戰後他鑽研法律，接著就進入法律事務所工作，然後就被兒時好友約翰．甘迺迪總統任命為紐約聯邦檢察官。這個任命合情合理，畢竟摩根索一家歷來都投身公職，要不是終生的政治家，不然就是公務員。摩根索的爺爺亨利在第一次世界大戰時是美國駐鄂圖曼帝國的使者，對於當時發生的亞美尼亞種族滅絕慘劇始終嚴詞譴責。摩根索的父親更是美國總統小羅斯福任內的財政部長，摩根索計畫（Morgenthau

Plan）就是以他為名，該計畫打算在擊敗納粹後將德國改造成農業國。

羅伯·摩根索成為聯邦檢察官後成立了該辦公室第一個專門打擊商業金融犯罪（白領犯罪）的小組，精確點說，地點就在華爾街。不過一九六九年五十歲的他卻因為身為民主黨員，而在共和黨總統尼克森上台後被迫去職。摩根索緊接著投入紐約州州長競選失利，然後才在一九七五年成為曼哈頓地方檢察官，這個職位是紐約州首席檢察官，也是該州檢察機關的最高代表。

在這時接下這個職位實在不是時候。紐約州的爛攤子很難收拾，其經濟觸底，很多房子都人去樓空，街上垃圾堆得天高，到處是塗鴉，一年被謀殺的人數高達六百四十八人，這數字還只是曼哈頓一區。而地方檢察官辦公室這邊連給每位調查員牽一支電話的經費都沒有，他們每年的經費往往只夠用到年中。

摩根索卻把紐約打理出一番氣象。《紐約時報》形容他是「不可思議的遲鈍」、「就像木頭人上台演說一樣呆板，羞怯到讓人不舒服」，同事眼中的他卻是個好上司。儘管很少親自上法庭，從一九七五年上任到二〇〇九年卸任為止，他一共經手了三百五十多萬件案件，其中包括了前披頭四歌手約翰·藍儂遇刺案，以及饒舌歌手圖帕克·夏庫爾（Tupac Shakur）的案件，後者因為性騷案入獄數月。

不過摩根索最值得一提的貢獻是在金融犯罪上。這在美國被稱為「白領犯罪」，因為被起訴的往往是白領階級。摩根索曾將泰科國際（Tyco International）的總裁送進法院，這位總裁因為花六千美元買一塊昂貴的浴簾和花兩百萬美元辦一場生日派對廣為人知。摩根索以侵吞公司一億美金的罪名將他起訴。

摩根索不重視階級，厭惡官僚體制，做事只照自己的步調。身為地區首席檢察長，他常常喜歡介入聯邦司法管轄的範圍，也常挑戰白宮司法部門，他以前的同事這麼跟我們說。而在處理涉及外國的司法案件時，他不愛循正規的跨國司法互助，寧可親自打電話。他在全世界各地有無數的相關人脈，都是檢察官、情報系統和調查員，藉此他可以有更多的主導力。畢竟依法他只是紐約州的執法官員，權限只及於曼哈頓區[3]。但摩根索其實管到全球各地的不法情事，只要是和曼哈頓扯得上關係。這種情形常成為他的案子，最少依他的想法而言：犯罪者使用銀行，而很多案子所用銀行都剛好座落在華爾街，或者至少在華爾街有分行。這就讓摩根索有了可以介入的理由。他因此成為類似某種世界總檢察長一樣的身分。

有好幾年的時間他一直在調查國際商業信貸銀行（Bank of Credit and Commerce International, BCCI）這家銀行登記在盧森堡，但總部設在巴基斯坦，一直都是大型毒品走私集團、恐怖集團和獨裁者的重大洗錢管道。一九九一年該銀行終於認罪，並因此短暫停止運作。

而瑞士的瑞士信貸集團（Credit Suisse）也被他起訴，繳了五億三千六百萬美金罰款，因為該集團涉嫌協助伊朗政府、利比亞以及蘇丹客戶洗錢。

摩根索在任時手下有五百名調查員，一年審理十萬個案件。但他始終坐鎮在那間小小的國際辦公室裡，這是他的前同事亞當・考夫曼（Adam Kaufmann）的形容，他年輕時剛擔任檢察官就是從摩根索的小組開始的。考夫曼現在堪稱紐約州最知名的刑事辯護律師，這一天他就在自己那間位於曼哈頓最顯眼大樓的辦公室中迎接我們前去拜訪：克萊斯勒大樓（Chrysler Building）的六十四樓。在這裡他對這位過去上司的崇拜之情依然溢於言表。

「全世界的報紙他都會去看，」考夫曼道，「還會查對一些文章，看看其中是否和他轄下的紐約州有關連或交集，再據以判斷是否要介入調查。」每個案件一有新變化，摩根索一定會追蹤。他們都稱呼該部門為「紐約州地方檢察官海外辦事處」。他還會聘會計師去追查一些不法的金融運作手法，並特別挑一些對金融產業有專業知識的調查員。

他調查的對象不只銀行，也包括在銀行海外的罪犯客戶，就算這些人一輩子沒踏進紐約州一步也難逃他的調查。在一九九〇年代末他起訴三名委內瑞拉男子，他們從一家波多黎各銀行騙走了該國人民數百萬美金的存款。當時美國不滿摩根索作為的人指責他濫權過度引用法條，畢竟這件事沒有傷害到美國公民的權益。《紐約時報》則視此案為法律先例，並問：「法律的長臂能伸多長？」

3 曼哈頓檢察官其實是主掌整個紐約州的最高檢察體系首席檢察長的習慣稱呼，因為他的辦公室在曼哈頓，但不表示他的管轄權只在曼哈頓裡。——譯注法官們也都聽從摩根索的指示。摩根索所用理由則非常高竿：這些騙子要受害者透過美金匯出金額，不管詐騙集團在哪裡犯案，只要使用美金在轉匯，那背後就一定有美國金融機構涉入擔任所謂的通匯代理銀行。但因為這些都是涉及犯罪的通匯，應該就會在美國銀行的通匯資料中留下記錄，但真實的款項卻沒有真的進出這些銀行。摩根索認為，這一來被告人等於是用這些不法轉帳操縱擾亂了美國銀行結餘。一九九七年紐約州法庭法官趁這三名委內瑞拉人不經意入境美國時，將之判處數年刑期入獄服刑。

數年後該辦公室的調查員則將注意力轉到伊朗身上。摩根索擔任州檢察總長期間，同時也擔任全球最重要納粹大屠殺博物館，也就是紐約猶太遺產博物館（Museum of Jewish Heritage）的創辦人和館長。這時他注意到，全球猶太人正面臨新的威脅，來源正是伊朗。伊朗從二〇〇五年開始由宗教狂熱者馬哈茂德．阿赫瑪迪內賈德（Mahmoud Ahmadinejad）主政，他多次威脅要消滅以色列。而就在他上任前不久，伊朗核武計畫的事才剛為世人所知。那之後伊朗不只將核子技術用在民間用途，也用在軍事上，也就是建造核子彈。摩根索又認為華府對於伊朗此一威脅不當一回事。他覺得不管是共和黨或是民主黨，在對伊朗的制裁上都不夠用心。他因此決定要親自從他坐鎮的曼哈頓州檢察官辦公室對付伊朗當局。

這是摩根索經常對外界講的官方版本。但事實上很多針對伊朗的起訴案，調查背後真正的動機卻不是起自摩根索本人。有很多次背後其實都有一個情報單位牽涉其中，而且還不是美國的情報單位。

摩根索的前同事亞當．考夫曼提到，一切要從二〇〇五年那年說起。有一天摩根索把他和幾名同事一起叫進他的辦公室。「他對我們說，要我們去買機票，搭機前往以色列。」摩根索當時已經將近八十高齡了，不太常離開紐約遠行。但他卻派這些州檢察官前去特拉維夫，去和以色列外國情報單位見面，也就是摩薩德。

考夫曼記得，來到特拉維夫後，摩根索幾名同事在簡陋會議室中會見了當時摩薩德局長梅爾．達甘（Meir Dagan）。「達甘對我們說：我們不想讓到手的機密情報擱置無用，也不想情報只能當情報用。」他希望美國這幾位調查員能好好把這些情報運用在法庭上。

摩根索於是率領這群同事開始調查紐約一家基金會，該基金會會付錢給德黑蘭來的幹員，同時摩根索也對一家伊朗船運公司和一家國際大型銀行展開調查。他們也查了一名來自一萬一千公里外中國大連市的商人：卡爾．李。

到這個時間點，美方情報人員已經暗中觀察這名中國人好幾年了，美國司法單位卻還未有動作。一直到和摩根索有著好交情的以色列情報單位出現，才讓針對卡爾．李的調查案滾動起來。

摩根索的團隊從以色列這裡獲得一個很重要的著力點，就是這名中國商人的電子郵件地址。「那群壞人完全沒料到他的電子郵件會被人取得。」摩根索日後這麼說明，「所以我們就一頭栽進這個未知領域。」調查員沒料到李方偉竟然會使用美國電子服務供應商 Hotmail 或 Yahoo 來進行軍火生意。檢察官真的走運，因為憑著這個，他們就可以向紐約州的權責法官申請搜索令，取得對方的電子信箱。

一看之下他們發現李方偉還真是個「勤奮的電子郵件使用者」，亞當・考夫曼這麼形容。在他位於中國城附近沒有太多雜物的辦公室裡，最多的就是無數的檔案櫃和從牆上剝落的泥灰，就是在這裡，這名摩根索的同仁開始爬梳李方偉的電子郵件內容。這成千上萬的電子郵件中，就藏有間接證據、旁證和直接證據。

檢察官們從這些電子郵件中找到出貨單、匯款單和足以證明李方偉對自己所做所為一清二楚的郵件。比如說，他們找到他與隸屬伊朗國防部的沙西・薩雅德・西拉茲工業（Shahid Sayyade Shirazi Industries）員工的一封電子郵件，而根據這幾位調查員發現，該公司正是伊朗政府成立來為其採購軍備和發展武器的幌子公司。二〇〇七年，美國政府正式以試圖獲得大規模毀滅性武器為由制裁了該公司。李方偉曾賣給該公司高品質石墨，並交待伊朗買方付款方式細節：「請注意李奧特鋼鐵服務公司（RWIOT STEEL SERVICE）不是實際的公司名稱，而是公司假名。我們擔心如果提到正式公司名稱，貨物會無法通過美國海關。在此告知您：不久前我們才以同樣方式將一批貨送往您在馬什哈德（Mashad）的子公司，他們成功收到貨品，也已經付給我們款項。」

二〇〇七年九月間，卡爾・李寫信告知沙西・薩雅德・西拉茲工業一名業務代表：「我們想要緊急告知您，千萬不要將最近兩次的到貨貨款匯到到貨通知上所標的收款人名稱和帳號。原因是收款人名稱和帳號目前可能已經被美國列入黑名單，因此貨款會被阻擋。我們下週初會給您新的收款人帳戶名稱和帳號，到時候再請您轉帳進來。」

調查員發現卡爾・李給伊朗國防部所屬多家子公司，包括亞敏工業集團（Amin Industrial Group）、科拉頌冶金工業（Khorasan Metallurgy Industires）、沙西・薩雅德・西拉茲工業以及雅茲德冶金工業（Yazd Metallurgy Industries）運送了高強度鋁合金，所謂的麻時效鋼（Maraging steel）、石墨、鎢銅、鎢粉等。還有數十噸重建造飛彈所需的各式原料。

檢察官們這一來就能清楚追查李方偉多年來是怎麼瞞過美國官方，又怎麼毫無忌憚地和買家聯繫，又怎麼一次又一次躲過美國的制裁，成功收到來自世界各地的貨款了。

二〇〇六年前後，李方偉的雷姆特經貿有限公司被列入美國制裁名單後，李方偉親自去信買家，告知對方今後他的公司改名為大連風信國際貿易公司（Sino Metallurgy & Minmetals Industry Co.），並已經將之前的雷姆特的公司名在中國工商名錄上註銷。這家新公司主要所有權人不再登記在他父親名下，而改登記在他母親宋丙興名下。他因此希望買家能夠配合。透過此舉，連一些來自沒有問題國家的一般非武器用石墨買家，都成了他國際軍火走私的不知情共犯。

李方偉的問題基本上是因為美國的禁運制裁，導致他不只伊朗的生意難做，影響所及讓他連其他國家客戶的生意也做不成。很多買家都是以美金付款，但美國銀行奉命不得再接受指名給李方偉公司的轉帳。在美國開始對該公司實施制裁後，好多筆指名給雷姆特的匯款單全都被各美國通匯銀行攔截。但李方偉這位來自大連的商人頭腦很靈活，而且臉皮很厚。

他的技倆很簡單：只要一家公司上了黑名單，他就再憑空變出一家新的來。這很容易操作，因為當時美國的制裁系統運作就是由美方銀行篩選可疑的名稱和帳戶而已。所以只要換個名稱，申請新的帳號，負責篩選的美國銀行就不會再起疑了。這一來那些以美金付款的款項就會流向李方偉，而制裁對他而言就如同虛設。

李方偉就是一再用同一招輕鬆過關，但要是遇到對方沒搞對程序，那他也就尷尬了。比如說有次他就遇到南非買家購買一批石墨時付款有問題，因為這名客戶把款項匯往黑名單上的公司帳號。李方偉於是告訴當地負責協調的中間人要提醒客戶，這次一定要記得匯到新公司大連風信的帳戶：「不然又會像上次一樣匯款被攔截!!!!」

但這位客戶還是匯錯了。他匯款時雖然改了公司名稱，卻忘了改帳號。照常用舊的、已經被註銷的雷姆特的帳號。這讓李方偉決定從此終止南非業務：他已經「非常清楚」告知對方是帳號的問題，他很怕「這下銀行匯款會在美國被攔截!!!!!!!」李方偉這麼寫道。電子郵件中這幾個大大的驚嘆號果然奏效，南非客戶終於把六萬五千五百六十元美金的款項匯到正確的帳號，而這次負責的美國紐約花旗銀行一點也沒起疑心。

這些電子郵件讓調查員們看到李方偉有著多麼堅強不懈的犯案精神，也讓人看到他怎麼給對方壓力，又怎麼去安撫對方：他一再跟客戶保證，公司換了新名稱也不用擔心。其實還是同一家公司，同樣的工廠，同樣的員工，郵件裡他一再保證，產品的品質和運送時間都不會有所變動。

二〇〇九年四月七日，摩根索和其調查員在曼哈頓南邊的刑事法庭大樓召開了一場記者會。會中他們向媒體記者出示了長達五十九頁，多達一百一十八項罪行的起訴書。報告書首頁的標示很清楚顯示這不是一樁尋常事件。其中第一頁就列出一列長長的假公司名稱和化名，是李方偉給他的公司和他自己用的：被告李方偉，化名卡爾・李、派崔克（Patric）、桑尼・白（Sunny Bai）、凱・李（K. Lee）、KL、大衛・李（David Li）以及F. W. 李。

據紐約州檢察官的說法，李方偉這些偷偷摸摸的行動、化名和空殼公司目的是在從事犯罪。起訴書中指出其主要罪名。這個詭計的目的是要突破美國的制裁，取得管道進入美國金融系統，以便能在國際間做生意。同時李方偉也透過其空殼公司的網絡，將禁售的用品賣給伊朗軍隊以利其武器製造，這一來伊朗就能夠運用它們來製造核子武器和飛彈。他總共賣給伊朗軍隊所屬公司數百噸的飛彈材料，其中有十五噸「幾乎只有在製造長程飛彈時才會用得到」的特殊鋁材。「這些貨品或許既可民用亦可軍用，」摩根索對在場記者說道，「但一旦收件方是伊朗軍方設立的虛設公司，而被告又使用了假的最終用途保證書[4]和化名，那就幾乎毫無疑問是要用來建造武器了。」

這一天，近九十歲的羅伯・莫里斯・摩根索將三十六歲的李方偉放到了全球焦點之下。他更斷言伊朗有心建造核子武器一事之凶險：「當今世上沒有比伊朗意圖製造核武與長程彈道飛彈更加重大的全球危機。」

摩根索指出，他會向中國提出引渡李方偉的要求；但此舉基本上只是象徵性動作，因為就連摩根索自己也很清楚，中國絕對不會向他國交出自己的國民。但這本來就不是他的目的所在，他只是藉此放出一個信號。摩根索向記者解釋道，他和自己的團隊並沒有權力關閉李方偉開的那些工廠，但藉由此舉，他可以讓全世界看到這個人所從事的那些勾當。

《紐約時報》和倫敦《金融時報》、新聞通訊社《路透社》以及《華爾街日報》全都報導了這名來自中國、行蹤隱密的商人。電視上討論著這個案子，《華爾街日報》則刊出一篇社論，論及摩根索的起訴案可能會讓美國總統歐巴馬在面對北京當局時處境困難，畢竟當時美國才剛因前一年雷曼兄弟投資銀行倒閉案弄得全球矚目，正迫切需要和中國搭建友誼的橋梁，以求穩定本土金融市場。偏偏這個時候李方偉這個中國人登上了美國新聞的頭條，成為美國情報單位和司法單位的眼中釘。

當時有幾家報社想要和卡爾・李取得聯繫。從中國外交部這邊問不到答案，一開始大連方面也沒人來接電話。只有《華爾街日報》終於成功在數日後與李方偉通上電話。該報記者報導，對於所有針對他的指控他一概否認。這些指控「純屬誤會」，李方偉強調「純粹是錯誤的情報資訊所造成的」。他販售的產品銷往世界各地，不可能會被人用來製造飛彈。

4　此為聯合國為防止特定武器擴散之必要進出口文件。——譯注

第9章 神祕學生

我們找 whoislifangwei.com 網站背後藏鏡人的工作過了好幾個禮拜了，還是對這個網站究竟由誰負責沒有一點頭緒。儘管我們已經找到他所列兩個與海德堡有關的臉書群組，我們也因此特別興奮，而且還找到兩個名字，分別是卡林姆・莫斯塔法（Kareem Mostafa）和張增博（Zhang Zengbo）。他們應該就是卡爾・李臉書群組阿拉伯文和中文的管理員吧。

據卡林姆・莫斯塔法自己的描述，他是「在德國留學的埃及學生」，研究的是中東。臉書個人資料上寫他出生於一九八八年，曾在亞歷山卓港（Alexandria）求學，也曾住過柏林。他喜歡半島電視台、紅牛飲料和利物浦足球俱樂部（FC Liverpool）的球星穆罕默德・薩拉（Mohamed Salah），怕致命小行星，對臉書自動跳出來的一些冷門建議文章沒有抵抗力：像是為什麼睡覺時把手機擺床邊會不好，或是為什麼一直忍著不上廁所不好之類的。

中文管理員張增博的臉書資料寫他一九九三年出生，是中國穆斯林，在德國讀國際安全政策，而且很顯然就在海德堡。另外他還有給海德堡大學、海德堡大學校友會、學生自治會、伊拉斯摩斯（Erasmus）養成計畫、學校圖書館以及其他各式臉書專頁按讚，都是些和海德堡這座德國西南方大學城有關的臉書專頁。張增博的貼文會用很多表情符號：李方偉🕴為了賺💲💰💲💰在伊朗支持葉門青年運動💣💣💣期間，以及其所支持的其他武裝團體期間賣技術給伊朗，這些集團又將這些武器分送擴散出去☠☠☠。提到卡林姆．莫斯塔法他寫道，他們兩個是因為「在學校有著相同的命運和經驗而成為患難之交」。這名埃及人和這名中國人一起讀過哪所學校，又有過哪些共同命運，張增博卻隻字未提。

我們聯絡兩位管理員，讓他們知道我們想知道關於卡爾．李的事，但卻石沉大海。而我們用假的臉書用戶資訊，不揭露真實姓名，申請加入他們兩人的臉書群組也沒有成功。

這一來我們唯一掌握到的線索就是海德堡了。在這座位於巴登—符騰堡邦（Baden-Württemberg）的城裡有來自世界各地成千上萬的學生。海德堡大學是歐洲知名高等教育學府，其大學從一三八六年就創立，在國際大學排名始終在前百大之列。

Whoislifangwei.com 這個網站真的會是學生作業嗎？只是海德堡大學的教授或講師不經意派給學生的作業這麼簡單嗎？

不會吧，海德堡大學既沒有一個大學課程叫「安全政策」，政治學系的系祕書也從沒聽說有學生叫張增博、卡林姆．莫斯塔法，更沒聽說過這個課堂作業要研究一名叫卡爾．李的中國商人。海德堡大學臉書安全政策群組也寫信告訴我們，他們群組沒人認得張增博、卡林姆．莫斯塔法或是「誰是李方偉」的網站。這一來我們可以很確定，海德堡大學從來沒有給過學生關於卡爾．李的作業。

從海德堡和柏林兩地的居民登記辦公室針對我們對兩人查詢的答覆也是一樣：「此訊息基於實際原因或法律因素無法告知，或者目前無法告知。」這樣的回覆有兩種可能：如果是比較少見的情形，那表示我們輸入的人被系統阻擋，不能提供訊息，因為此人擔心會有生命危險。遭到生命威脅的事我們自己也不陌生，過去幾年來我們就常因為調查工作一再遭遇類似情形。一些幫情報單位或警方的退役線人，當局也會確保不讓外人取得他們的資料。不過，比較可能的原因則是在公家機關的住民登錄系統中要不是既沒有張增博這個人，也沒有卡林姆．莫斯塔法，至少不是登記在他們臉書個人資料上所寫的出生日期。不過我們花九塊五二歐元的查詢費用值得了，現在差不多可以確定，whoislifangwei.com 這個網站絕對不是出於學生個人興趣而建的。

另一方面我們也在猜，其實根本就既沒有卡林姆．莫斯塔法這個人，也沒有張增博這人。但為什麼會有人要煞費周章這麼做呢？這個網站、臉書專頁、搞這些還是得花時間啊。

我們於是決定把這事告知亞倫．阿諾德，這位給了我們想調查這個案子動機的前聯邦調查局分析師，請他為我們評估。畢竟儘管一開始我們對他的說法半信半疑，但是到目前為止，我們發現他提供的資訊全都正確無誤。或許他可以跟我們說說他的發現，躲在

whoislifangwei.com 這個網站背後的究竟是誰。

他聽了深感興趣，既覺得不可思議又覺得有意思。「我想我和我同事應該認識每一位會在課程內容中提到卡爾・李的老師。」他說，「但我不知道，他們教了哪些東西。」他也無法想像會有多少課的課堂是討論卡爾・李。「尤其在德國，這個主題更是八竿子打不著。」他這麼認為。但是這個案子的情形其實很典型：「越往下挖就會越覺得奇怪。」他決定要好好看看這個網站。

在等待張增博和卡林姆・莫斯塔法在臉書上接受我們加好友時，我們再一次仔細審視了他們臉書的個人資訊頁面：這些個人資訊建得不只是非常像，包括個人照片、封面照片以及貼文內容會出現奇怪的重覆交叉等等。這兩個據稱是好友的人，臉書個人專頁還都在差不多同一時間建立。張增博的個人頭像上傳時間是二〇一八年十月三十日，卡林姆・莫斯塔法的則是在二〇一八年十一月一日。雖然兩人的臉書帳號時間只有幾個月，而我們則是已經有了好幾年，但他們的臉書好友人數卻比我們多出很多，各自有上千個臉書好友。情形就跟很多亞洲和阿拉伯帳號一樣，雖然兩人自稱現在住在德國。

而且不僅僅是張增博和卡林姆・莫斯塔法的臉書個人資訊是同時間建立的，連他們在臉書上關於卡爾・李的臉書群組，還有 whoislifangwei.com 網站，以及推特上 @whoislifangwei 的帳號，全都是在前後幾個禮拜的時間內第一次啟用。

自稱在海德堡的張增博將這個推特帳號列在其臉書個人資訊頁面上，稱這是他的頻道。但如果進一步分析就會有驚人發現：我們從特別設計用來檢視推特帳號的網站搜尋這個帳號，從而能得知該帳號用戶何日何時在帳號上活動的訊息。結果出人意料：幾乎只有在中午十二點到早上四點之間的時間。這個時間符合住在美東的時差，對住海德堡的人就不那麼適合，也不適合住在華府、波士頓或是紐約的時間，因為當地這時是早上六點到晚上十點。

就算真的是有人躲在美國弄的，卻解釋不了為什麼要大費周章架出一個網站，還用了英語、中文、阿拉伯語談卡爾．李。

網頁上最常出現的話題有兩個：中國與伊朗的軍火交易以及葉門的戰爭。大部分貼文主要是翻譯網上文章，但都有載明出處，比如討論葉門人道主義危機的美國網站之類的。另外也有一些起訴書之類的文章，比如說有一則貼文談到「生意人手中最無辜的受害者」：有數千名孩童在葉門戰爭中活活餓死。

文章作者不僅突然間就提到卡爾．李和伊朗飛彈的關聯，還提到他與伊朗種種軍火買賣的事。一篇貼文中則提到中國新開發的一種坦克。作者還寫到，卡爾．李的訂購熱線肯定鈴聲大作。他是中國和伊朗的「媒人」，也就是仲介商。文中不時會出現一些提及卡爾．李今天依然活躍於軍火買賣的線索。

相關證據卻付之闕如。

代之而來的是文中不斷出現各種圖畫和照片剪輯；比如在提到一條從中國到伊朗的新出口路線時，卡爾・李的頭探出一只箱子外。或提到兩國關係時，伊朗外交部長和一名剪接了卡爾・李頭像的中國男性握手。甚至還有一支小豬動畫：紅色的背景前，小豬搖著屁股，放了聲屁，屁雲中卡爾・李的照片出現在通緝海報上。網站管理員像是想要激怒卡爾・李。

第一篇中文貼文發布於二〇一八年十一月二日：「關於李方偉的新發現。卡爾・李現在在哪？」文下方附了一個連結，連到倫敦的阿爾法計畫的調查。二〇一八年十二月開始幾乎每天都有新的報告，內容全是關於武器、飛彈和伊朗。比如說十二月七日的貼文：「新浪社評：伊朗導彈迅速發展，支持友軍葉門胡塞，沙烏地阿拉伯傷亡慘重。」十二月八日則是：「新浪：中國『魚八』飛魚雷售出兩千枚，幾乎是給伊朗小型潛艇量身定做的。」

許多貼文來源是中文新聞網頁，但不時會出現貼文者提出的問題或是看法穿插其中，而其所用的中文一點瑕疵都沒有，每個字都用得很正確。每隔一天就會有一篇新貼文的頻率一直維持到二〇一九年八月，之後就逐漸安靜下來。到了九月六日時出現一篇新的報導，之後就一隔十天沒有更新。九月十六日：「伊朗和中國軍事交流達到新的里程碑：伊朗武裝部隊總參謀長訪問上海海軍基地。」之後又停更五天，然後又是一篇：「伊朗武裝部隊總參謀長穆罕默德・巴格里少將（Mohammad Bagheri）週四在北京會見中國國防科大學校長。」二〇一九年十月一日中國國慶日當天則貼出：「李方偉再次給伊朗送禮：伊朗軍方高層宣布成功試射新型導彈。」之後新聞更新就此中斷，再也沒有新貼文。

阿拉伯文貼文的方向則完全相反，這邊指卡爾．李在中東製造紛爭，只為了要增加對兩個國家的影響力：伊朗和以色列（這就很荒謬了）。

在whoislifangwei.com網站背後的兩位自稱政治系的學生看來，卡爾．李非常有可能具有雙重角色。卡林姆．莫斯塔法寫道：他奔走在中國和以色列之間。這可能是他調查的結果，但這個調查是怎麼做出來的，上頭沒有說明。以色列從李方偉那裡取得現代飛彈零件；以色列軍隊在加薩走廊、敘利亞和其他阿拉伯國家測試其威力；以色列將飛彈「直接對準了我們的弟兄」並以其死亡為樂，那些死者不分男女老幼都是只想活在和平之下的「無辜生命」。

中東地區的情勢或許錯綜複雜，但上述這番話講得也太離譜。以色列每年會從美國拿到四十億歐元的軍援，還會獲得特殊採購條件得以向美國採購戰鬥機和武器。以色列竟然會透過一名在國際間被通緝的中國軍火商採購飛彈零件，這完全不合理。與其向李方偉這個提供武器給其中東宿敵的頭號軍火商下訂單買飛彈零件，以色列搞不好還比較想派他的外國情報單位暗殺小隊去把他幹掉。

數天後亞倫．阿諾德給我們回音了。這位前聯邦調查局分析師在這段期間好好看了那網站，他認為他知道為什麼一點都查不到網站背後經營人的原因：「這肯定是一個訊息戰。」

所謂的訊息戰，簡稱Info-Op，是戰略軍事術語，這種作戰方式在近年來越來越重要。這種作戰手法主要是使用訊息來影響或擾亂敵情軍心，當前美國軍方作戰指南是這麼寫的。其目的是要透過訊息引導敵軍在行為上的改變：要不造成民心惶惶，要不造成軍心渙散。過去多半被稱為政治宣傳。

但幕後的藏鏡人究竟是誰呢？亞倫・阿諾德懷疑有可能是美國或是以色列。

第10章

巴拿馬文件中的線索

我們深入研究羅伯・摩根索二〇〇九年在接獲摩薩德情報後那份卡爾・李的起訴書，再加上在資料庫中追蹤起訴書中提及的公司之後，我們就越瞭解為什麼美國當局會這麼難阻止這類軍火交易：背後的結構盤根錯節太複雜。也因此，接下來的幾個段落閱讀起來不會太輕鬆，但我們向你保證，讀了以後絕對不會後悔！

我們研究那些躲在不透明公司結構後詐欺犯和詐騙集團的線索超過十年了。研究始於二〇一三年那份「離岸公司解密」（Offshore Leaks），一份來自金融服務公司內部的大規模外流文件，這些公司專門幫客戶建立這類複雜公司結構。透過這份解密文件，我們才得以窺見躲在設立於英屬維京群島空殼公司背後藏鏡人的真面目。這之後又出現了「瑞士解密」（Swiss Leaks）和「盧森堡解密」（Lux Leaks）等文件，更有一名吹哨者將「巴拿馬文件」（Panama Papers）外流給我們，在這之後我們又收到「天堂文件」（Paradise Papers），後又有「瑞信機密」（Suisse Secrets）。因此這段期間，我們成為《紐約客》（*New Yorker*）雜誌在二〇一七年口中的「解密文件曝光專家」。

這所有的解密文件有一個共同點：讓人看到金融企業和國家在不為人知的幕後如何藏錢。除此之外，這些文件也記錄了司法主管機關總是讓這些違法行為逍遙法外的經過。原因就在如卡爾．李這類的生意人總是找得到新的漏洞，讓他們一次又一次地登上像「巴拿馬文件」這類的解密文件。莫薩克馮賽卡這家位於巴拿馬市，行事一絲不苟的法律事務所，真是不少想要突破禁運制裁的人的救星

卡爾．李就是其中之一。雖然我們拿到的這些解密文件中，特別是巴拿馬文件可以看到美國制裁的確收到成效，因為飛彈零件的製造商也像所有做進出口生意的人一樣，都希望對方可以付他們美金。而跟卡爾．李一樣被美國財政部制裁的人，會因此無法以美金交易。制裁逼得他們左閃右躲，卡爾．李的做法就是不斷成立新公司，不斷在動腦筋。不只累人，也會讓買方頭痛，同時浪費很多時間。而且有時候擁有那麼多境外公司很難管理，難免就會出紕漏。

這也讓調查員在世界各地疲於奔命，因為他們要不斷追著新開的空殼公司，而且這世上總會有十幾個國家，只要花一點點的錢就可以隨便讓人在那裡設立一些葫蘆裡不知賣什麼藥的公司。「我可一點都不心存幻想，我們好幾次都沒發現某家公司背後躲的竟然就是被制裁的人。」聯合國制裁專家漢斯─雅各．辛德勒（Hans-Jakob Schindler）有次這麼說。

而會這樣當然是因為在來路不明的空殼公司世界裡，來無影去無蹤正是生意做得起來的關鍵。雖然我們現在的世界比過往更講法治，想做些掩人耳目的生意幾乎不可能，但只要手腳夠快，就可以趁著被迫換到新島嶼、成立新公司之前再做一票生意，然後換地方重起爐灶。調查員想要每一步都跟得到幾乎不可能，也白費功夫，也是因為這樣，這些見不得光的藏鏡人才會打造出讓人眼花撩亂的交叉持股公司。真正能夠知道這些複雜公司網絡的人只有一位：負責建構的律師。網絡如此複雜，正好適合拿來從事非法交易。

我們一邊喝咖啡吃餅乾，一邊讀「巴拿馬文件」和摩根索的起訴書。接著就開始了：我們在桌上、白板或是寫字板，或是隨手拿得到的東西上畫下這些公司的關係圖。

首先最中間的公司是雷姆特這家卡爾・李父親創於一九九八年的公司。在摩根索的起訴書中我們讀到：二〇〇六年十一月卡爾・李寫了封信給一名伊朗客戶，告訴他雷姆特「因為與您偉大政府機構／客戶進行商業行為而被列入美國商務部的黑名單」。這意味著，雷姆特沒得玩了。卡爾・李信中緊接著寫到，他現在要給公司改名。另一封電子郵件中則寫道：「我們還是跟雷姆特同一間公司（工廠／人員），唯一的差別就是公司的英文名變了。」

公司名稱只是障眼法，叫什麼不重要，只要錢匯對地方就行了：卡爾・李就是這麼想的。他於是用新公司名稱開了新的銀行戶頭，匯款就匯到這裡，不要再匯到雷姆特去了，而且那個戶頭早被他註銷。但有時候這招行不通，有一次一位客戶的匯款被美國美聯銀行（Wachovia Bank）[5]退單止付，卡爾．李於是緊急請這位客戶不論如何千萬不要向美國有關單位吐露他的小祕密，不論是對銀行或是對美國財政部，都不要把卡爾．李的電話號碼、傳真號碼或是電子郵件地址講出去。同時他也請這名客戶告知這些單位，他的新公司「和雷姆特毫無瓜葛」，也和其他在美國制裁黑名單中的公司無關。總而言之，卡爾．李請這名客戶幫他說謊。

從二〇〇六年起，他既不再使用舊公司名稱，也不再使用該公司戶頭。因此我們就改追他的新公司名稱，這是摩根索紐約州調查員透過攔截的電子郵件中找到的眾多線索之一，我們用這名稱在我們的資料庫中搜尋，果不其然：卡爾．李的捉迷藏遊戲行蹤有部分出現在巴拿馬文件中。

根據起訴書的記錄，一名「調查員們都認識的雷姆特業務代表」（若不是卡爾．李就是他的員工）在二〇〇七年二月開給瑞典一名客戶一張出貨單。發信人抬頭卻沒看到出貨人是雷姆特，而是裕海企業有限公司（Wealthy Ocean Enterprises Limited）。信中談到購買電子零件款項總價為三萬美金。這麼說來，卡爾．李的幾家公司出售的貨品不單只有飛彈零件，而是無所不包。不論如何，瑞典理應轉帳到裕海企業有限在某家中國銀行的美金戶頭裡。不久後調查員又看到相同模式出現在一個波蘭客戶身上，同樣是採購不那麼有傷害性的貨品。

二〇〇七年夏天卻有一家名為阿邦商業（Aban Commercial）的伊朗公司以及其石墨圓筒

出事了。一聽到石墨這原料出現，事情就不單純。這次卡爾・李的出貨單開在一家中國銀行的歐元帳戶上，這讓美方調查員下了判斷，認為該帳戶屬於他的舊公司雷姆特，但也在裕海企業有限這家公司的名下。

這時數年前外流給我們的「巴拿馬文件」就派上用場了，因為我們在裡頭找到了裕海這家公司，於是掌握到摩根索手下調查員沒能查到的訊息。因為「巴拿馬文件」是在二〇一五年以後外流給我們的，在那之前位於巴拿馬的莫薩克馮賽卡法律事務所究竟是為哪些人藏錢都是守得很好的祕密。但從那之後就沒那麼祕密了，因為從那天起，我們可以隨時在廚房桌上或辦公桌上，從筆電裡叫出文件中二十五萬家的離境公司查對。文件中那些貪腐政府高官的財富就跟卡爾・李這人一樣，總是讓調查員查破了頭。

到這裡請大家先喘口氣，我們把事情從頭理一遍：卡爾・李的雷姆特這時早就被列入黑名單，於是他就再弄出幾間新公司來，設立地點除了中國以外也有海外。這樣他理論上就可以無牽無掛地從各地調兵遣將。

那他又是怎麼運作的呢？是這樣來著：裕海企業是在二〇〇六年由莫薩克馮賽卡事務所員工成立的空殼公司，就是一種由供應商註冊來「備用」的紙上公司。只要客戶需要這類

---

5 二〇〇八年以後美聯被富國銀行收購，改稱為富國銀行。——譯注

公司，就可以立刻接手過來，改掛名成為他的公司，而且在帳面上像是已經營運一段時間一樣。二〇一七年一月十九日該公司的股權改掛在一名叫王桂俠（Wang Guixia）的人頭上，又過了不到幾天，裕海企業有限公司就公開成為卡爾・李底下的掛名公司了。我們記下王桂俠的名字，也把其身分證號碼和地址一同記下：甘南縣查哈陽鄉，正是當年老鼠從天而降的那一區，也是日後李方偉出生的地區。在摩根索的起訴書中並沒有出現這個名字，或許這就是我們可以往下追查的一個方向。

摩根索的調查員小組有掌握證據，顯示裕海企業有限公司曾為卡爾・李代收過現金，至少一直收到二〇〇七年八月中為止。因為這樣，美國主管機關就在二〇〇九年初公開起訴書的同時，也將公司登記在塞席爾群島的裕海企業有限公司列入了制裁名單。

這一來我們應該可以覺得卡爾・李的軍火走私路終於被斷了，對吧？

差一點點。從「巴拿馬文件」中我們看到這些手段事實上一點用也沒有，因為卡爾・李總是快了一步。在翻閱過「巴拿馬文件」中數百封電子郵件和公司資料後，我們注意到卡爾・李又搶在追捕他的美國調查員前頭。早在二〇〇七年九月間，莫薩克馮賽卡律師事務所就接獲申請，請它將裕海企業有限公司改名成為 ABC 冶金有限公司（ABC Metallurgy Limited）。

這之後美國在二〇〇九年初制裁了掛另一個名字已經有一年半的公司，而其新公司名當然不在制裁黑名單，卡爾・李因此可以繼續使用該公司來做生意。

「他顯然有辦法毫無止盡地一直開設新的掛名公司，也有辦法輕而易舉地在全球往來金錢，」威斯康辛核子武器控制計畫（Wisconsin Project on Nuclear Arms Control）的軍火交易專家瓦勒莉・林西（Valerie Lincy）這麼告訴我們，「他尤其有辦法一直這樣搞，誰也阻止不了他。」

不過卡爾・李這套方法只有在獲得如莫薩克馮賽卡法律事務所這類金融服務公司協助下才有辦法運作，因為這類公司對於他做什麼毫不過問，也不插手他公司內的財務管理。在這種公司的協助下，危險罪犯得以用這種方式做生意。裕海企業有限公司遭到制裁後，莫薩克馮賽卡理應對它加以審查。透過標準審核過程自然會從它所購買的公司名單裡察覺問題，從而得知它可能在背後為某人進行協助伊朗取得大規模毀滅性武器的工作。但在我們的資料中卻查不到任何地方提及此事。

一直到後來該公司自己，也就是一度改為裕海企業有限公司的那家公司，才開始讓莫薩克馮賽卡事務所頭痛。那是二〇一八年三月的事，離我們公布「巴拿馬文件」近兩年後，而莫薩克馮賽卡事務所的名聲早就已經一敗塗地。我們從那份也流給我們的電子郵子中得知，當時塞席爾群島財金監管單位曾經和當地莫薩克馮賽卡的旗下企業聯絡（當時該公司已經因為「巴拿馬文件」的曝光而改名避嫌了）。信中該金融警察詢問該公司（可能是按美國調查員的要求）ABC冶金有限公司的所有權人是誰，該公司經營的項目為何。

該警察單位最後還問了卡爾・李的事。

莫薩克馮賽卡事務所的回答很高明，讓人抓不到把柄：我們不知道最上面的大老闆是誰。莫薩克馮賽卡事務所只是管理並協助一家公司做生意，但不知道是為誰在經營。

因為在金融圈有太多這種志願或被動願意協助卡爾・李這類人的公司了，所以至今也不清楚，卡爾・李究竟開了多少這類公司，又剩下多少家至今還在運作。這類從事非法生意並透過祕密帳號轉匯金錢的空殼公司一家開過一家，開開關關目不暇給。有些乾脆只是改個名字又繼續幹，就這樣繼續和制裁機制玩我跑你抓的遊戲，少數時候會被主管機關搶在前頭，但多數時候都是違法者居優勢。

上述這個清楚留下的犯罪足跡還不是我們找到的唯一線索。二〇〇九年四月初，就在卡爾・李（剛好與摩根索提出起訴書同時）與其主要公司雷姆特一同再次被列入制裁名單時，他親自透過電子郵件和一位老客戶搭上線，美國調查員重建這條線索後這麼說。他請對方未付的金額「不要匯到上次的銀行戶頭」，因為那個戶頭「從今天起不能用了」。這句話中的「不」字，卡爾・李還特別把每個字母標成大寫。因為很重要。他們會告知你新的帳號。

又過了幾天，一名莫薩克馮賽卡事務所香港分處的員工告知一名同事，新成立的紙上公司是薩摩亞（Samoa）的成動股份有限公司（Success Move Limited）。隔天又有一名為宋增華（Song Zenghua）的人向銀行開戶，並要求儘速辦理。這封從香港發出的信又要求必須要有簽章：「越快越好。」

宋增華當時才剛成為成動有限的所有人四天。這公司又是卡爾・李手下的另一家紙上公司，而宋增華的銀行帳戶可能也是用來收貨款的化名。而這次只是我們的猜測，因為美國調查員追蹤到第一筆流入成動戶頭的款項（用美金），其時間是二〇一一年。

我們也將這個名字記在筆記上：宋增華。

就這樣我們繼續往下調查。李方偉其餘空殼公司的追查工作就不贅述了：我們在資料庫裡又找到更多掛名其他空殼公司所有人的名字，全是卡爾・李那無遠弗屆假公司網絡中的成員。往後我們也會繼續追查這些名字。運氣好的，或許還能讓我們更接近卡爾・李，甚至讓我們直接找到他。

第11章 福字

大連這時候是夏天，算我們運氣好。我們才剛抵達白雲街那房子門口，剛好一名外送員送餐來。所以我們就跟著他繞過屋子，走過中國銀行分行一樓來到中庭。趁亂我們溜進一一〇大樓，找到我們在找的住址：第三條上坡道，然後爬上很陡的樓梯前往三樓。門後就是一單元三樓三號公寓，照理說這應該就是大連增華經貿有限公司（Dalian Zenghua Trade Co. Ltd.）的總部，也就是卡爾．李軍火走私網絡的關鍵公司。

我們決定要在二〇一九年六月前往大連這座中國東北的大城一趟，這是李方偉軍火買賣王國的起點。我們想要眼見為憑：他真的是用紙上公司在做生意嗎？還是確實有個地方、有地址、有辦工室和倉庫？如果有這些地方的話，來應門的又會是誰？

我們落腳在市中心的一家飯店。一棟外貌平凡無奇的長方體建築，這類建築物過去幾年間在中國各大城市拔地而起。飯店早餐還過得去：土司、蒸餃和可以打消睡意的咖啡。但此行最要緊的是：李方偉軍火帝國所有公司登記地址都在這方圓百尺之內。來之前我們已經先用谷歌地圖把要拜訪的地方排了先後順序。我們不想讓李方偉的手下親信彼此通風報信，說有外國人在門口打探關於他的事。怕他們知道了會找打手到我們要去的下一個地方趕我們走。

大連的商港和足球隊聞名中國。在一九九〇年代卡爾・李剛創辦第一間公司時，大連足球隊是中國足球超級聯賽的連續多屆冠軍；可能是沒人比他們厚臉皮，拿那麼多錢賄賂裁判吧。當時大連市市長兼該隊最死忠的球迷就是當時正在政壇竄起的紅二代薄熙來。之後他成為中國商務部長，然後又到中國西南省分擔任重慶市委書記。一般看好他大有可能在二〇一二年秋天進入中國權力核心的共產黨中央委員會政治局成為常務委員，但就在那年初卻傳出他太太毒殺一位英國商人的事。這樁謀殺案讓中國共產黨面臨重大危機，被指名要成為黨主席的習近平乃利用此危機趁勢剷除薄熙來這頭號勁敵。薄熙來這墜落的明日之星和他的妻子被判終生監禁。而被毒死的商人生前曾協助薄家五鬼搬運大筆金錢、購買地產，這些事我們全都在「巴拿馬文件」中找到證據。

在那份巴拿馬籍事務所莫薩克馮賽卡的文件中，我們也搜尋卡爾・李那幾家紙上公司，還真讓我們找到成動有限公司和名叫宋增華的該公司創辦人。但在中國，宋增華卻是菜市場名，很多人起的。

大家可別忘了，中文字的發音是由四百多個音素所組成，靠不同的音調來分別其間差異。光是接在姓氏後使用「增華」這個名字，分別由「增」和「華」兩個字的同音字，就可以寫成十多個由不同字組成的同音名。我們從巴拿馬文件中只能看得到拉丁字母拼音。真的要弄清楚是誰，那只有弄到這些音的中文字才行。即使我們弄得到中文字，卻連是男人還是女人都搞不清楚。中文姓名不像西方人姓名像是克勞蒂雅、蘇珊娜、班雅明或是諾伯特這樣，一望即知男女。

更糟的是，隨便一個姓氏的中國人都有好幾百萬人。在中華人民共和國光是姓王的人數就比德國、奧地利和瑞士三國人口加起來還多。而宋這個姓氏更是有數百萬人有。中國到底總共有幾個宋增華這個發音的人呢？肯定有數百個跑不掉吧。

還好，在「巴拿馬文件」中，莫薩克馮賽卡事務所的員工把宋增華的身分證字號記下來了：三七二八二六一九七〇〇八二六六一一六。乍看之下是一組隨機組成的數字，但其實不然。中國人的身分字號就跟指紋一樣每人不同，從出生到死都會使用同一組數字。而且光從數字就可以看出很多端倪：宋增華出生於中國東方省分山東的莒縣，出生日期是一九七〇年八月二十六日。

中國身分字號的組合有一定的規矩：頭六個數字是一個人出生地的訊息，而三七二八二六就是莒縣的代號。接下來的一組數字則是跟西方日期順序相反排列的出生日期：年月日。因此一九七〇〇八二六就表示是一九七〇年八月二十六日生。而倒數第二個數字：如果是偶數就是女性，奇數則是男性。我們看到倒數第二個數字是「一」，那就代表宋增華是名男性。

至於李方偉的身分證字號則是二三〇二二五七二〇九一八五三一。這裡的二三代表的是黑龍江省，後頭的〇二則是齊齊哈爾市整個區，李方偉出生地就在其中一個行政區。接下來的二五則是細分的行政區，這兩個數字代表甘南縣。接著的七二則是出生年份，後頭的〇九是出生月份九月，一八則是李方偉出生的日期。我們是隨手在網路上從大連商務辦事處的Excel試算表中找到他的身分證字號的。顯然該辦事處粗心大意，隨便將這資料沒有加密就放上網。

這個發現太重要了，因為在之前我們只能從聯邦調查局的通緝海報上得知李方偉的生日和出生地。得到他的個人身分證字號後，我們就不再只能依靠美國人所提供的訊息。現在我們又有了第二個訊息，而且是中國自己的。

在中國進行採訪調查的各國記者要有很大的挫折抗壓性。「請傳真給我們」，這是當局和公司行號常說的話，但傳了過去卻常常石沉大海杳無音訊。儘管中國官方會監視、恫嚇、驅逐，甚至監禁外國記者，但中國共產黨專制政權在透明度上卻有許多地方是西方國家難望其項背的。他們的政府機關往往隨便就把一些其他國家不可能輕易取得的訊息往網上一擺，像是公司、人民以及司法程序的資料，這些東西都只要花一點點錢就可以看到。中國的營利事業登記證中包含的不只有私人公司的訊息，有時還能看到股東和公司負責人的身分證字號，偶爾甚至連個人手機號碼都會披露。這種事在德國根本就不可能。

這等的透明度讓人大感意外，因為這在過去甚至曾一再損害到北京的領導階級，像曾在二〇一二年引起全球譁然，獲得普利茲新聞獎的一則《紐約時報》調查就是這樣。該報記者大衛・巴伯薩（David Barboza，中名張大衛）揭露中共總理溫家寶的家族親人擁有數十億美金的巨大財富，而他這些訊息大半都是從公開管道取得。中國記者顯然覺得去追這些線索的風險太高，而外籍通訊記者往往沒那個時間花上好幾個禮拜在中國資料庫裡面撈資料。雖然中國當局從二〇一二年之後就限制這些資訊的取得，但那之後還是有大量的資訊在網上隨手可得。

在中國營業登記查詢系統上輸入宋增華的身分證字號後，就會看到一家創立於二〇〇六年並於兩年後關閉的公司。宋任公司的董監事主席，公司合夥人是一個叫李東（Li Dong）的人。如果再將李東的資料輸入系統，就會看到他至今依然擁有另一家公司四成的股份，而這家公司正是美國調查員點名是由卡爾・李所持有的。這家公司就是大連增華經貿有限公司。該公司所用的中文名稱就和宋增華的名字一樣。在「巴拿馬文件」中，卡爾・李和宋增華兩人有很緊密的連結。而那家公司據說就座落在大連城南，我們現在就站在它的鐵門前。在這門上，中國春節時貼上的春聯依然沒拿下來，象徵福氣的中文「福」字用金色顏料寫在紅色的紙上。

這門後可一樣會有象徵好運的福氣等著我們呢？

從營利登記系統的連結中，我們找到中國法庭資料庫的連結，這可挖到大寶礦了。如果公司有任何法律訴訟，在這裡就可以查詢到其事後的判決結果。比如說，在上面查詢西門子公司（中文譯得很高雅），就會找到四十多項刑事判決，當中包含了醫事科技銷售行賄一案。該案是貪腐的中國醫院主管多年來收賄，由在中間和西門子合作的白手套負責行賄。醫院主管單位偽造得標金額，溢價付款給得標廠商。超出實際採購金額的款項則當作回扣回流醫院主管做為佣金中飽私囊。西門子聲稱自己對行賄一事全不知情。該案最近的判決時間是二〇一四年，那已經是在二〇〇六年撼動西門子的行賄醜聞多年以後了。西門子集團事後擔保，要成為全球手腳最乾淨的企業不再行賄。我們從查詢的這個中國資料庫中看到的答案卻是相反的，事情我們在二〇一八年已經披露過。

而系統上也有關於大連增華公司的法庭記錄。

二〇一五年該公司從白雲街這個住址對一家位於中國東部大城南京的公司提出告訴。雙方的爭議始於二〇一一年。當時大連增華向對方訂了兩台價值大約五十萬歐元的特殊機器。雙方都已經簽好合約，但該公司所在的中國東部省分江蘇的商業主管機關卻對此交易表示疑慮。該機關警告該供應商，指大連增華公司要將該批機器轉售給一家伊朗公司，此舉可能違反中國出口法規。這家伊朗公司訂購此批機器是打算用來生產所謂的芳綸纖維（aramid fiber），正是建造飛彈的基本原料。

因此這家位於南京的公司就在二〇一二年十一月要求大連增華提出出口許可，許可中要標示產品最終收件人資料。透過這樣，官方可以預防武器技術流入不對的人手裡，比如伊朗飛彈工程師之手。

大連增華公司當時回覆供應商，要他重新擬一張合約書。這次他要對方將買方名稱從大連增華改成大連重信國際商貿有限公司（Dalian Trust International Trade Co., Ltd），很明顯是一家剛在幾天前的二〇一二年十月二十五日臨時成立的公司。幾個月後一艘貨櫃船載了一批石墨產品，由大連重信國際指定駛達巴基斯坦一座商港。之後同一家公司又陸續給阿富汗和土庫曼運送貨物。巴基斯坦、阿富汗和土庫曼三個國家有一個共通點：都緊鄰伊朗，是走私具爆炸性商品進伊朗常被使用的陸上管道。好處是，它們不同於伊朗，並不受制裁禁運的管制。

大連重信國際至今的大部分股權都還是掌握在李方偉手中。但南京那家公司在當時並未同意與這家新成立的公司交易，因此李方偉旗下的原始公司大連增華就提告對方，也是因為這樣，這起糾紛才會出現在法庭文件中，進而公開揭露卡爾．李走私網絡的大部分細節。

這場官司來來回回經過好多個訴訟程序，最後的結果是法院無視當局的警告，還是判南京這家公司要出貨給卡爾．李的公司。法官主張，儀器是否可以出口到伊朗與本案無關。本案旨在釐清兩造中國公司之間的商業關係，以及合約是否獲得履行。法庭判決是，南京方面的公司必須在三十天內送交該特殊機器。收件地址也寫在上面：大連市白雲街一一〇號一單元三樓三號。

這麼說來，這兩台機器現在照理就在這扇門後面，我們已經在這邊站了幾分鐘了，而在這同時我們心中不禁納悶，這個樓梯間這麼窄，這兩台機器要怎麼送上去。

根據營業登記網頁的記錄，該公司現在還繼續營業。於是我們敲了公寓大門。沒有回應。再敲一遍，這次重了些。一名瘦小的女士，可能五十五、六歲，這時探出頭來，一看到外國人就露出一臉明顯不悅的樣子。我們對她說，我們來自德國，並問她大連增華公司是否就在這裡，還有她是否認得李方偉這人。為了確定她聽懂，我們還拿手機給她看正確的中文名。她看了後簡短地說：「你們從哪裡查到這個的？」她不等我們回答，就走進另一個房間。公司的大門就這樣開著沒關上。我們看到走道上的拼花地磚都已經磨損了，裡頭的客廳有一張髒髒的褐色沙發，靠街的窗依然貼著紅紙剪成的春聯。「我竟然有德國來的訪客？這該怎麼辦才好？」這時我們聽到隔壁房間傳來悶悶的話語，可能是在對著電話說。她又說：「李方偉。」這次很清楚，然後聲音越來越小聲，幾乎像是在耳語一樣，再也聽不清楚了。

不久後她回來了。她不願意告訴我們她的姓名或手機號碼。她說：「不好意思，再見。」然後就把門關上。眼前只剩下那個福字，象徵運氣和富裕的金字寫在紅底的春聯紙上。

她剛剛在跟誰通電話？李方偉嗎？他過去是否曾要她提供自己的住址以為他的軍火供應鏈之一嗎？她知道他是全球頭號通緝犯之一，而且他的懸賞金額高達五百萬美金嗎？她清楚這家公司在二〇一四年已經被美國政府制裁了嗎？她知道這家以她公寓為地址的公司，曾將鋁、鎢、鉬、不鏽鋼，這些製造飛彈的重要原料，運往數個伊朗周邊國家嗎？拜這些鋁材之賜，伊朗的工程師才有辦法製造出特別輕、射程遠且命中率精準的飛彈，而鎢和鉬則是具有高耐熱性，可以拿來建造飛彈推進器燃燒室的材料，不鏽鋼則可用在飛彈許多不同的零件上。她知道這些嗎？

這名瘦小的女士知道這一切嗎？

但從她身上我們是什麼都問不到了。

所以我們又啟程前往下一個目的地。這次是前往大連重信國際的公司地址。二〇一二年在與南京那間公司打官司期間創立的公司，至今李方偉都握有其六成的股份。尖山街十九號大樓座落於一個破落的住宅區，其院子棄置好幾張扶手椅，還有一張鋪面磨損、裡頭泡棉外露的辦公椅。有人放家裡養的兔子在外頭無拘無束地跳來跳去。房舍之間垂掛著各式電線和纜線。

大連重信國際的辦公室應該是在地面一樓。其走廊一片漆黑，有頭狗在狂吠。這次的公司門是薄薄的白色木門，門上有面窗裝了滿是刮痕的樹脂玻璃。這邊的門上同樣貼了張福字，但這次不是用金色寫的，而是紅色。

從大連重信國際的總部大門上的窗子往裡望，沒人在：家具簡單的公寓、小廚房、爐子上擺了個平底鍋、一張床、一張桌子，大概二十五平方公尺大。就這樣。這間座落在貧寒社區的房間，竟是會將價值近兩百萬的貨品運往全世界的總部。可能包含運往義大利和德國的石墨和鋁合金，但也運往伊朗和其周邊國家。

二〇一四年又有一家卡爾．李廣大公司網絡中的大連新航機電設備有限公司（Dalian Xinhang Electromechanical Equipment Ltd.）對一家中間商提告，這次對方位於上海。這次官司所涉及的貨品是一種工程師用來測試原料耐磨力的儀器，比如說是飛彈零件之類的。因為儀器故障，大連新航將它送回上海維修，對方又將它送到丹麥製造商那邊。

但到了丹麥後，主管機關卻要求維修好的測量儀器若要重新出口到中國，必須出具最終用途保證書。於是一名大連新航的代表出面依要求出具許可證，保證該儀器不會被拿來製造核武、生化武器。這名代表的名字叫李威（Li Wei）。丹麥主管機關拒絕了這張出口許可。但中國法官卻判上海中間商應為儀器未能從丹麥回到中國一事負責，因此判他該賠償大連新航一萬三千歐元的損失。

倒霉的李威還出現在第三起官司：大連特瑞大貿易有限公司（Dalian Terry Industry），又是卡爾．李軍火網絡旗下的一家公司，它向北京一家電腦處理器公司下了總值八萬歐元的訂單，指定送貨地點是大連宏濟街九十二號，收貨人是李威先生。

這個電腦處理器一直就擺在倉庫裡。二〇一四年大連特瑞提告北京這家公司要求對方賠償。該公司當時向法官辯稱，對方所給的地址明顯就是私人住宅不是公司總部。

事實是：宏濟街九十二號大連特瑞這個在我們到訪當時所用的地址並不是辦公用建築，而是位於大連市中心的住宅區。其入口處有個警衛室，裡頭警衛正在打瞌睡，阻擋車輛的柵欄也放了下來，我們繞了過去，警衛也沒攔我們。大連特瑞按地址應該是在斜坡上第一間的十一樓二號。我們在門口等著，剛好一名男性打開樓下大門，他用手推車推了一台冰箱要進去。我們就跟在他後面。一扇黑色大門同樣貼著福字，旁邊是一張紅紙上頭寫著「福旺財旺好運到」。這個地址按資料從二〇一三到二〇一五年間，總共運了總值四十三萬美元的貨物給伊朗、土庫曼、阿富汗和亞塞拜然。貨物品項包括電極體、石墨、碳纖維等；途徑據稱是海運。對這些沒有鄰海的國家走海運？真的讓人想不通。

這時一名年約四十五、六歲的男性開了門。一股大蒜味飄來，他身後有一堆垃圾。他姓劉，住這五年了，沒想到他說話這麼直率；但一聽我們問起這裡是否是大連特瑞的總部時，他卻面露不悅。我們給他看公司名稱的中文寫法，他開始結結巴巴起來，回說他不知道有這家公司，然後就突然結束了對話把門關上。

在與大連特瑞二〇一四的訴訟案中，北京這家公司提出兩份很關鍵的文件做為抗告。第一份：給美國主管機關的最終用途保證書，保證書中大連特瑞據稱是做了假的證詞，而第二份則是聯邦調查局針對卡爾．李的通緝海報上他模糊的臉部照片。北京這家公司的幾名律師主張，李威根本不是別人，就是李方偉本人。他們同時還呈給庭上數張照片和影片為證據。法院的判決書中除此之外沒有別的訊息。

在大連待了三天後，我們踏上歸程回到北京。回程飛機雖短卻頗為顛簸，半途機長廣播說將會有亂流出現。在中國搭飛機遇到這種情形是司空見慣，因為解放軍封鎖了大部分的空域，商用飛機在遇到亂流以及高氣壓地帶時只好正面對決，無畏地飛向危險。這次就連身經百戰、見多識廣的空服員也都回座位上繫好安全帶。幾分鐘後我們這輛空中巴士就開始像巨浪中的小船一樣，在半空中上下起伏，在高空一萬公尺處體驗雲霄飛車。

我們渾身發著抖地降落在首都機場，心中暗自決定下次一定要搭火車。到了北京後，我們開始尋找有參與那次判決過程的人來跟我們說那場官司，果然讓我們找到了。一位對那樁交易來龍去脈瞭若指掌的人告訴我們：「他們錢也付了，現金也到位了，貨也備好了。就差那張最終用途保證書沒到位，因此沒辦法交貨。」他的名字我們不能透露。不久後一名大連特瑞的代表來到北京，想要交涉解決這件事。他一踏進該公司大樓，就被監視攝影機拍了下來。沒多久又有大連特瑞的律師前來施壓要對方交貨。「這時有人查詢了網路，結果發現了李方偉被通緝的海報，有人說，你們看，這人不就長得像前幾天來的那人嗎？」

法官可不買帳，因為呈交的錄影畫面無法判定是不是聯邦調查局通緝海報上那個人。法庭的判決是北京方面的公司應依約賠償：足足七千歐元。

三件獨立的訴訟，三個不同的法院，但三次的判決全都對卡爾·李有利。怎麼可能會這樣？法官怎麼會最終總是站在卡爾·李這邊？為什麼中國出口管制法規對他一點約束力都沒有？

訴訟過程中卡爾·李始終沒有親自出庭過。三次的官司出席的同一人都和三家原告公司沒有任何關係，這人既沒有三家公司股份，也不是他們的董監事，更不是他們總裁，但名字都是同一個：李芳春（Li Fangchun）。

第12章

間諜環伺

二〇一九年五月我們前往華盛頓。在美國首府我們想要探知更多這個全球最大國數年來追捕中國大連軍火商李方偉的事。另外，這話說來有點酸就是了：時間點選得剛剛好。

當時共和黨的川普已經在白宮主政兩年多。他上任後第一個動作就是宣布取消與伊朗的限核協議。打從那以後，德黑蘭和華盛頓之間就互相叫囂威脅。多年來伊朗扣留了數名美國公民，並不斷測試越來越大型的飛彈，又派出無人機侵擾鄰國領空，並派遣間諜和士兵到世界各地去。就在二〇一八年夏天，比利時政府才剛逮捕了兩名涉嫌計畫對流亡伊朗人的集會發動恐怖攻擊的男性。數週後，丹麥情報單位又宣稱阻止了一樁伊朗間諜的攻擊行動。

美軍在這之後更開始派遣航母和轟炸小組前往波斯灣，白宮更計畫要在該區增加十二萬名駐兵。就在白宮方面與德黑蘭之間的衝突升高，德國和英國外長更出言示警將有戰事發生的同時，川普總統又和中國展開了貿易衝突。他將對進口中國貨物實施懲罰性關稅，以減少美國對中的貿易赤字。川普心中的盤算是：透過懲罰性關稅可以讓中國貨價格升高，進而減少對中國進口的依賴。這一來透過外交斡旋的時機已然不再，美國與北京和德黑蘭之間的關係降至低點，美國政府只要有機會就在國際上痛罵中國和伊朗。這兩個國家成為川普口中的邪惡軸心。

剛好就在我們來到華盛頓的那段期間，美國政府對卡爾．李祭出了新的制裁。美國國務院在推特上貼文表示，據悉李方偉一如既往將大量不同的零件提供給伊朗進行飛彈計畫，而且他使用的都是一般的貿易管道，因為中國的出口管制系統漏洞百出。卡爾．李始終是心腹之患，至少照美國的說法就是這樣。

在美國首府我們想以簡短見面訪談的方式來進行大規模毀滅性武器的調查。在從德國起飛前，我們已經和數位智庫分析師以及多位前美國政府雇員排好見面時間，他們分別對於伊朗、飛彈和核武都有相當的瞭解。我們和他們分別約在星巴克各分店以及不知名的辦公大樓見面，一一詳加詢問關於卡爾．李的事，並請他們推薦，接下來應該見哪些對這方面有更多更深入瞭解的專家。在訪談中有個名字不斷出現，或者正確點說是有個名字不斷出現，那就是范恩。這個人的全名是范恩．凡．狄朋（Vann van Diepen），中譯范狄本，一個像是從〇〇七電影走出來的名字。但他不是電影中壞透的反派角色，反倒可能還是一位最能夠跟我們說明是什麼驅使那名來自大連的惡棍做了這些事的人。范狄本應該會是最頂級的卡爾．李專家。

找他的路要往南開。我們車經白宮後，又穿過右邊有方尖石碑、左邊有著國會大廈的國家廣場。接著跨越波托馬克河，再經過五角大廈和阿靈頓國家公墓。十公里後，我們抵達亞歷山卓鎮（Alexandria）。駛離午後陽光普照的高速公路後，感覺宛如誤入諜報電視影集《反恐危機》（Homeland）的片場。車子轉入一處住宅區後，裡頭有間木頭牆面的雙拼別墅就是我們要找的地方。只見它前院高掛美國國旗，耳聞鳥鳴之際，背光下一頭狐狸躡手躡腳地溜到對街去。

亞歷山卓鎮上住的都是典型的美國政府官員、公務員和情報員；中情局的總部離這裡只要二十五分鐘。其實網飛《反恐危機》的女主角、中情局幹員凱莉．麥迪遜（Carrie Mathison），以及劇中為蓋達組織戰俘多年、身分撲朔迷離的美國海軍陸戰隊隊員尼古拉斯．布羅迪（Nicholas Brody）的戲就是來這邊實地取景的。布羅迪後來成為伊斯蘭主義者，被派來美國臥底多年，還暗殺美國總統候選人。在真實世界裡，這裡是范狄本的家。

應門的是一位老先生。灰白頭髮、條紋襯衫、厚重的鏡片後是雙警覺銳利的眼睛。這應該就是他了吧，多年來李方偉的美國死對頭。他太太已經幫我們準備好餅乾和馬芬。他請我們入內，笑容很內斂。進去後迎接我們坐下的是一間光線明亮的客廳。突然間〇〇七的世界離我們好遠好遠。

情報組織、飛彈、大規模毀滅性武器，這些曾經占據范狄本生命三十多年的時光。一直到二〇一六年底以前，他一直在為美國政府工作，一方面是國務院高階官員，另一方面還是位高權重美國國家情報總監（Director of National Intelligence）關係最緊密的助手，幫助他協調美國十七個情報單位的工作。范狄本曾經負責防堵非法軍火走私和「卡爾．李問題」，他這麼告訴我們。

在公元兩千年前後，他曾經追蹤到離李方偉相當近的距離。「當時我的任務是研讀夜間匯入的情報資料，」他這麼說。在一份報告中他讀到了李方偉的名字。一開始他以為這名大連來的生意人不過是條小魚，在他後面應該有另一名罪犯負責在給伊朗供應危險科技，但很快就改變了想法。慢慢的他收到越來越多關於李方偉的情報，美國情報單位也記錄到越來越多船運離開中國商港大連。卡爾．李不只供應伊朗原物料，同時也提供複雜技術。他出的貨對買方國工程師非常貴重，范狄本這麼說。據他所言，卡爾．李在短短幾年內就成為伊朗飛彈計畫的頭號供應商。

當時白宮主政者是共和黨的小布希，蓋達組織剛炸毀了世貿中心的雙子星大樓，美國人陷入伊拉克和阿富汗戰事。伊朗逐漸要被盯上。

小布希政府中的鷹派當時希望對德黑蘭開戰，這些人想將二〇〇一年九月十一日攻擊事件的主謀指向伊朗政府。就連華府和其他西方世界政府一些頭腦冷靜的人也對德黑蘭政府頗為擔憂。當時伊朗正如火如荼建造核彈的證據越來越明顯，伊朗飛彈計畫也有了長足的進步。二〇〇三年一款射程長達一千五百公里的飛彈進入伊朗軍隊服役，西方國家情報單位更提出警告，伊朗很快就能夠造出射程達兩千公里的飛彈了。美方因此認為這會對其在中東的軍事基地和在該區域的盟邦構成威脅。對沙烏地阿拉伯、阿拉伯聯合大公國等，尤其對以色列更是威脅，同時也對落入伊朗飛彈射程範圍內的歐洲國家構成威脅。而這一切，美國方面懷疑都與卡爾·李有直接關連。

范狄本說，他所運往伊朗的原料——碳纖維和某種鋁合金——有助於生產更輕的飛彈。而更輕的飛彈可以飛得更遠。

再者，伊朗想要靠著卡爾·李的協助，克服其飛彈製造最大的弱點，那就是其極低的命中率。因為在當時伊朗工程師的飛彈命中率離德國在二戰時飛彈命中率相差沒多少，這種程度的飛彈頂多就只是命中率極低的恐怖武器，就像一九四〇年代德國轟炸倫敦一樣，充其量只能用來恐嚇、嚇唬大城市裡的居民。

但美國方面開始擔心，伊朗飛彈命中率差的問題可能很快就能獲得改善。正如上文提到的，卡爾·李賣了陀螺儀給伊朗。這種儀器的最早形態也被稱為迴轉穩定器，早在納粹時代就已經用在V2飛彈以讓飛彈得以固定在軌道上飛行。卡爾·李所出售的陀螺儀在技術上可是更加進步，其影響所及正是美方的擔憂：伊朗飛彈可能不久就可以落在離目標數公尺範圍，並對美軍在中東地區的基地發動攻擊。

不過卡爾·李做為伊朗飛彈計畫關鍵人物還有第三個面向，這點范狄本在他家客廳對我們娓娓道來，那就是他的載送幫助了伊朗工程師將其飛彈計畫從使用液態推進劑轉變為固態推進劑。講到這麼細，似乎只有飛彈軍武迷才會有興趣的話題，但這卻是關鍵所在。因為使用液態推進劑的飛彈雖然比較容易製造，卻一定要等到飛彈發射前才能加。而且添加液態推進劑要耗費數個鐘頭時間，很容易引人注意，比如說會被盤旋在太空軌道上無數的美軍情報衛星所偵測。這一來，美軍就會有充裕時間搶在其推進劑填充完成前將之摧毀。反之，固態燃料飛彈完全沒有填充的問題，其推進劑，比如說化學藥劑過氯酸銨（Ammonium perchlorat）就內建在飛彈裡。這讓擁有飛彈的單位占有極大優勢，也讓受飛彈威脅的人有極大的劣勢。這種飛彈可以在極短的預警時間裡發射，又極為不起眼，因為它不需要帶著一大群補充推進劑的運送車隊同行。它可以先藏在山裡的隧道內，以最短的時間推出來，推到定位後就發射。

這一切都讓美國人相信，卡爾·李所行之邪惡舉動一定要制止。但要如何進行呢？

一開始美國當局的做法不是很有系統。范狄本說一開始就像「打地鼠」遊戲一樣，就是那種拿著槌子朝地洞裡冒出來的地鼠頭敲打的遊戲機。這種遊戲就是要反應快，儘量打到很多地鼠。用在卡爾·李的情形就是，只要情報人員一察覺有貨品從大連出口，美國有關單位就會想辦法加以攔截。但是因為一般而言大型貨櫃船不會從中國直航伊朗，多數時候會在中途停靠載貨或卸貨，比如說停靠菲律賓、馬來西亞或杜拜。「我們試著在每一站都去查，經過的貨品是否配合美國制裁名單，」范狄本道，「然後我們會和當地政府接洽，將船上貨物的資料提供給他們。」美國會對友邦施壓，請他們將該批商船攔下來加以檢查。運有卡爾・李貨品的貨櫃船一律會被海關攔截。

但不久後他們就發現，這招對付不了卡爾・李。這就好像在打地鼠遊戲中，越打到後面的關卡時，就會有越多地鼠從地洞裡同時冒出來，玩的人只有一把槌子根本來不及打。「他非常活躍，每一兩個禮拜就會有新的情報傳出來。」范狄本說。

在他一邊說的同時，我們注意到多年來他如何亦步亦趨地瞭解李方偉這名中國軍火商的每一個舉動。他那形容的方式就好像在談一位老友走上歪路一樣，有時甚至暱稱他「卡爾」，彷彿兩人很熟。雖然兩人壓根就沒見過面。

他口中的卡爾不管怎樣幾乎都能比美國官員快一步。因為一等美國官員說動了在地球另一端的該國海關或是警察，讓他們前往某艘可疑貨輪去搜查貨櫃時，已經浪費了太多時間。「這種事有太多後台的官僚程序要處理了。」范狄本說。

美方要做的不單單是阻擋船運而已，還要保護消息來源。因為這類貨運的消息通常都是靠美國情報員收集來的。中情局安排的間諜是擺在卡爾・李身邊還是擺在伊朗客戶這邊，范狄本沒再多說。但很清楚的是，要是美國介入干涉船運，顯示美國知情，這些線人的身分就有可能曝光。而像是武器交易這種事往往只有一小撮人知道，對方會立刻懷疑自己人裡頭出了奸細。所以不能打草驚蛇，以免危及美方安插在中國的線人生命安全。

二〇一〇年中國國家安全主管機關開始全面清查美國在中國的情報網。中方破解了中情局用來與情報來源溝通的通訊系統，更成功至少策反一名前中情局情報員。這一來，美方的情報人員突然開始一個個人間蒸發，要不是被囚禁，就是已經被處死。這成了中情局近年來最嚴重的一次挫敗。據傳從那之後到二〇一二年間，約有三十名美國在中情報員被處決。中華人民共和國成了美方情報人員的死亡禁區。美國有關單位從那之後就一直進退維谷：該不該為了情報員的安危而坐視卡爾．李強化伊朗的武力？他們得到的答案令人失望而清楚：「我們不能危及情報來源線人的安危，」范狄本說：「我們之後就只能袖手旁觀，眼睜睜看著伊朗壯大。」

就這樣華府逐漸看清了情勢，知道自己只剩一條路可走：「我們必須去找中國政府，想盡辦法勸他們去阻止卡爾．李。」在美國國務院的中國專家的看法是，畢竟這名和伊朗做生意的大連商人也違反了自己國家的出口管制禁令。更何況，中國自己也承諾過，願意共同扼止國際間大規模毀滅性武器和飛彈科技的擴散。

美國因此開始從卡爾．李犯罪的證據中挑出不用擔心危及其情報源頭的部分，提供給中國有關單位。藉此希望中國能夠展開對卡爾．李的調查。

這個時機很合適，因為這時中美之間的關係遠不及公元兩千年時。二〇〇一年九月十一日世貿中心的攻擊中，有兩名中國人也喪生，兩國於是走得更近。當時北京經常表達對小布希「反恐戰爭」以及入侵阿富汗等舉動的支持。兩國這時有著共同的敵人，因為中國領導階層也自認為受到穆斯林極端主義的威脅。少數民族維吾爾族發動了多次攻擊。同時，美國內部從一九九〇年代以來不斷有人主張中國即將成為美國對手的說法，到這時開始減少了。從公元兩千年以後，美國眼中還有比中國更迫切的問題。他的注意力全投在中東，先是對伊拉克開戰，接著又以眾人皆知的態勢磨刀霍霍對準伊朗。

因此在二〇〇六年二月，美國國務院就將卡爾・李雷姆特公司的情報轉給北京當局。果然中方也在不久後告知美方，他們已經對雷姆特和卡爾・李展開調查。

我們可以重建這段經過，要感謝維基解密、朱里安・亞桑傑（Julian Assange）和吹哨者雀兒喜・曼寧（Chelsea Manning）。她將美國國務院存放在內部網路的二十五萬份外交電文交給亞桑傑，他則在二〇一〇年將之公布。她因為「密電門」（Cablegate）這個關鍵字留名青史一戰成名。而在這些雜亂無章、塵封了二十五年的文件中，有十多封提到了卡爾・李和他的公司。

從文件中顯示，美國人在二〇〇六年那段期間，更進一步將李方偉運送爆裂貨品的證據交給中方有關機關以利他們調查。美國駐北京大使館的工作人員當時常與中國外交部保持聯繫，但卡爾・李的貨品卻依然暢行無阻。美國人這下看明白了：這樣下去不會有進展。

范狄本和他的同事因此想要對北京政府施壓。但這並不容易獲得美國國務院的同意，因為當時中國已經成為美國第二大貿易夥伴。美國人購買大量中國商品，還有美國無數企業的產品也都是在中華人民共和國生產製造。兩國整體貿易量爆增，從一九九〇年代初的兩百億美金到二〇〇六年時變為三千四百三十多億。更且中國和美國還攜手對抗恐怖主義，中國也和美國同為聯合國安理會常任理事國。這表示，在表決像是針對索馬利亞武器禁運的議題，或是聯合國在以色列和敘利亞邊境進行維和任務議題上，中國都擁有否決權。簡而言之：美中之間具重要性的議題中，卡爾・李不過是其中之一。

「美國有太多事有求於中國很難取捨，」范狄本道。對中國在一件事情上施壓，可能就會讓美國在別的領域上很難取得中國的合作，「到頭來還是要靠高層決定，要如何在這些事情的取捨上取得平衡。」

美國國務院在二〇〇六年是由康朵莉莎・萊絲（Condoleezza Rice）任國務卿，她深得小布希總統信賴。「她懂得如何指點我外交政策的迷津，好讓我能充分瞭解。」小布希總統有次這麼形容這位前史丹佛大學教授。萊絲在就任國務卿之前，曾擔任他的國家安全顧問。她在外交政策上是強硬派，素有「鋼木蘭」之稱。萊絲和小布希有共同以宗教為基礎的世界觀，也和小布希一樣，對於和伊斯蘭極端主義者的戰爭有堅定不移的決心。伊朗在她的口中就是「暴君的前哨站」以及「對美國可能是最大的威脅」。因此康朵莉莎・萊絲無視美中在反恐戰事的合作關係，也無視雙方貿易上的盤根錯節，乾綱獨斷要在卡爾・李一案上對中國施壓。

二〇〇七年三月七日，美國駐北京大使館收到一封萊絲親筆所寫的電文。美國國務卿鄭重表達不滿，美方已有長達十八個月時間針對雷姆特和其他案與中國政府交換情報，但對於北京在未來要如何阻止伊朗飛彈計畫相關原物料和科技出口一事上，卻遲遲得不到答案。萊絲繼續寫道，中國反倒告訴美國，美方所提供的情報中有百分之九十八是錯誤的，還反過來要求美國提供人名、地址和公司電話號碼。

但現在美國已經成功更進一步取得卡爾・李行動的資訊了。國務卿請美國駐北京大使遞交一份所謂的「非正式文件」（亦即非官方文件）給中國政府代表。非正式文件這個外交自創詞指的是一種沒有抬頭、沒有官印也沒有簽名的工作文件，但卻跟官方文件一樣必須列入記錄。這類文件通常用在處理棘手政治問題，像是一方想要對方討論某事但卻不想用正式方式進行時，就會使用。

萊絲在她二〇〇七年的這份「非正式文件」中，要求中國政府告知美國這個調查案的進度。她列舉多項關鍵原料，顯示儘管卡爾・李正在遭受中方調查，卻還是依然可以出貨。同時她也告知中方關於卡爾・李不久會出貨的新訂單。在她這份「非正式文件」中，萊絲多次使用了「如您所記得的」的正式套語，這在外交辭令上的意思很清楚：我們越來越不耐煩了。

同一時間，伊朗又重回到美國最優先處理的頭號對象。伊朗新上任總統阿赫瑪迪內賈德被某些西方媒體封為「德黑蘭狂人」。阿赫瑪迪內賈德散播荒謬的反猶太陰謀論，又否認有納粹大屠殺的事。在他於二〇〇五年於德黑蘭舉行的反以色列會議上，他呼籲大眾要「將耶路撒冷的占領政權從史頁上抹除」。一家伊朗官方新聞社事後詮釋此語為：「以色列必須從地圖上抹去」，這段話傳到了全世界。

阿赫瑪迪內賈德宣稱，伊朗將要提煉濃縮鈾，而這是製造原子彈的原料。中情局研判，五到十年內德黑蘭將有能力生產原子彈。

美國用盡全力想阻止此事發生。新聞開始報導美國有計畫要攻擊伊朗；在指揮中心的軍官也已經開始在劃分作戰目標。美國國務院同時也開始使用外交手段，讓德黑蘭飛彈零件最重要外國來源枯竭，也就是卡爾・李。他的伊朗客戶在聯合國安理會決議文中被列為對飛彈製造計畫負有責任。中國當初也共同簽署了這份決議文[6]。

二〇〇八年八月，美國駐北京領事館的代理大使向華府方面報告，他們曾與一位名為張揚（Zhang Yan，音譯）的先生會面。他是中國外館負責武器管制的人，他向見面的美方保證，中國非常嚴格遵守國際規範。「可能只是我們調查的進度和結果讓你們不滿意。」這位美國外交官向華府高層報告時引用他這段話。「但我們非常認真在進行，而且我們非常有誠意。」中方期待將自己的調查與美方分享。

數日後，美方依然在等候中方回覆時，危機卻已經降臨。美國情報單位收到線報顯示李方偉又有一批貨即將出貨，國務卿萊絲於是下令駐中外交人員向中國官方示警。中方應盡力攔阻這批原料送往伊朗。

收件人指名是夏西德・巴格利工業集團（Shahid Bagheri Industrial Group），這是伊朗飛彈計畫核心公司，該公司自二〇〇六年就已遭聯合國制裁。這次運送貨物是十五噸的鎢粉，外加石墨和鎢銅，全是製造飛彈頭、推進器零件和推進器所需原料。這樁生意是由一名男性居中穿針引線，他的辦公室就離美國駐北京大使館一公里，這人就是伊朗駐北京大使館的武官。首批出貨就在不到幾天內。

中國外交官不斷安撫美方，並向他們保證中國政府自從二〇〇三年以來就已經攔截了雷姆特公司運往伊朗的四批石墨貨運，並且「有多次試著」攔截非法出口。同時他們也已禁止雷姆特出口任何石墨產品，也吊銷了該公司的營業執照，並予以懲罰。張揚所管理的中國外交部權責單位講了一個「舊案子」，美方早就已經從以色列和英國駐北京外館聽說了。中國大使館表示：卡爾・李的問題已經解決了。

但根本不是這回事，我們來到范狄本的客廳時已經距當時有十年之久。「這整件事有一個最令人費解之處，為什麼這麼多年來，中國政府一直放任他為所欲為。」這位前美國高官這麼說，他深感挫折地聳了聳肩。他無法說明為什麼長久以來中國政府願意公開擔上掩護非法

6 從二〇〇六年起到二〇一五年，聯合國針對制裁伊朗武器發表過十一道決議文。——譯注

商人的臭名，明明這人也危及北京的官方政策。

我們在維基解密的電文中找到了一個可能的原因。中國外交官張揚曾經提到一個關鍵細節：卡爾·李原是中國政府官員。他雖然走入民間企業，卻在利用以前的人脈。

第13章

伊朗神祕死亡事件

但其實，美國正是促成伊朗朝擁核夢想越走越近的罪魁禍首。當年伊朗國王還在位並與美國是盟友時，美國在德黑蘭北部看得到山，而德黑蘭被淹沒在霧霾中的地方建了五兆瓦的研究用反應爐。當時美國還提供武器用的鈾。好兄弟就是要互挺。所以當伊朗國王公開表示他想要建造原子彈時，當時誰也沒有反對。

一九七五年西門子和AEG兩家德國公司在波斯灣岸的布什爾（Bushehr）附近又建了兩座反應爐。在一九七九年伊朗國王被推翻後，這兩座新反應爐還沒完成，德國工人隨即匆忙逃離伊朗。剩下來的就是廢棄未完成的反應爐，在兩伊戰爭中遭到多次轟炸。

一九八〇年代初期伊朗新政權的領袖又興起建造核彈的計畫。這時位於伊朗中部的伊斯法罕（Isfahan）成為建造核彈的新址。當權的什葉派領袖對外界的說法是：伊朗只是在建造民生用核電廠以求讓伊朗獲得便宜供電，因此就連國際原子能總署一開始也相當支持其計畫。

但伊朗什葉派政權的說法是掛羊頭賣狗肉，因為以色列早在一九六〇年代後期就已經擁有一顆核彈，雖然至今以色列都未公開證實此點，但是伊朗想要和這個頭號宿敵在軍事上互相抗衡。更何況，核彈還具有嚇阻伊拉克等鄰國之效。

根據《紐約時報》報導，中情局在一九九二年就認為，伊朗到公元兩千年時將會造出第一顆核彈。而早在一九九〇年代初，德國聯邦情報局就已經率先觀察到伊朗透過一些在德國設立的掛名公司在進行一些可疑的採購案。慢慢的德國外國情報單位分析出來，伊朗想要獲得打造核彈的技術。

也就是在這時，前文提到過曾經在荷蘭協助開發離心機，後來竊走相關設計藍圖的巴基斯坦工程師阿卜杜勒・卡迪爾・汗來到了德黑蘭。離心機是提煉濃縮鈾必須的器材，不管是做為民生用像是醫療器材還是核電廠，做核彈也必須用到。

鈾濃縮廠的功能簡單來說就像一台巨型的沙拉攪拌機：靠著將汽化的六氟化鈾長時間加速，讓其中質量較重的同位素集中附著在外牆上，而較輕的同位素則留在離心機中心。收集到的輕同位素越多，所得到的鈾就越「濃縮」。百分之三點五濃度的鈾二三五同位素足以引發一次核反應，濃度到百分之二十就可以做為醫療用，拿來治療腫瘤。至於核彈則需要提煉到九成的濃度。

離心機因此是建造核彈的關鍵，而那位巴基斯坦工程師偷到了儀器藍圖。如上所述，他把藍圖抄了下來，再祕密建了一個供應商網絡，並將藍圖出售。利比亞政府、北韓政府以及伊朗一個一個去兜售。不久後他稱：「伊朗對核彈有興趣，因為伊朗是伊斯蘭國家，我們當然要支持。」

阿卜杜勒・卡迪爾・汗當時固定飛伊朗。在裏海時他住在一間別墅，每次離開伊朗就會有好幾箱行李裝滿了現金。至少根據一名叛逃者日後的說法是這樣的。在德黑蘭近郊一處研究中心這裡有座改裝過的手錶工廠，地點就在納坦茲（Natanz），位於德黑蘭首都東南方兩百二十公里處，伊朗就在這裡一座地下核子軍工廠裡開始製造核彈。

一九九〇年代時以色列情報單位掌握了伊朗流星三型（Shahab 3）飛彈的設計藍圖。這是一種十六公尺長、一點二公尺直徑的飛彈，是伊朗陸軍（可能是獲得俄國飛彈專家協助）依北韓飛彈所研發的。這型飛彈即使還在研發初期，就已經擁有一千公里的射程。這一來以色列就進入其射程之內了。而根據摩薩德所得到的這份設計藍圖，該飛彈彈頭的建造方式將可以攜帶核彈。

二〇〇二年激進的伊朗反對黨人民聖戰者組織（Mojahedin-e-Khalq, MEK）公開證實了情報圈長期以來的猜測：在該省首府阿拉克（Arak）正在使用一個所謂的重水反應爐製造鈽，而在納坦茲則使用阿卜杜勒・卡迪爾・汗的藍圖製造離心機以生產濃縮鈾。聯合國調查團也在二〇〇三年達成結論，相信伊朗已經有能力提煉濃縮鈾。二〇〇四年伊朗終於試射了流星三型飛彈改良版，這款新型飛彈搭載了新式彈頭；這次試射時的影片在不久後被全球各地專家檢視了其中每一細節，讓外界得以一窺伊朗飛彈發展的程度。「從我對其飛行的狀態看來，這是為了搭載核彈頭而設計的原型。」美國飛彈專家查爾斯·維克（Charles P. Vick）當時這麼說。不久後外界也得知伊朗也想在庫姆（Qom）附近的佛爾多（Fordo）村精煉濃縮鈾。德國《明鏡周刊》（*Der Spiegel*）寫道：「在德黑蘭、納坦茲、佛爾多三地為了能讓核彈命中其目標而正在生產、組裝並進行最後準備——濃縮鈾、引爆系統以及飛彈科技。」

一顆伊朗飛彈只需要十三分鐘就能抵達特拉維夫。只要一次核彈攻擊就能摧毀以色列全國。而就算逃過核彈攻擊一劫的人，恐怕也不能再留在那裡，因為原子落塵會讓以色列變成無法居住。前摩薩德局長梅爾·達甘將這個危機說得很好：獲得核彈強化武力的伊朗將會成為「以色列建國以來最大的威脅」。

於是一場類似影子戰爭的你來我往開始了。以色列情報組織和軍隊想盡辦法要阻止伊朗成功獲得核彈和飛彈技術。這場戰爭在很多方面開打，也因此讓許多人被捲入戰局而成了犧牲品。

二〇〇七年一月，伊朗首位核子科學家阿代希爾·霍森浦爾（Ardeshir Hosseinpour）過世。他在伊斯法罕市的鈾轉化工廠過世，死因卻始終未釐清。

二〇一〇年一月，物理學家瑪蘇德·阿里穆哈瑪迪（Masoud Alimohammadi）在德黑蘭被人用遙控引爆的炸彈暗殺身亡。十個月後，一名機車騎士在德黑蘭將一枚磁吸炸彈黏在伊朗科學家瑪吉德・沙赫里亞利（Majid Shahriari）的車上，當時四十三歲的瑪吉德在爆炸中喪生。另一名伊朗科學家則在二〇一一年七月被以行刑的方式朝頭部開槍身亡。二〇一二年時任納坦茲鈾濃縮廠廠長的伊朗化學家穆斯塔法・阿瑪迪・羅尚（Mostafa Ahmadi Roshan）過世，同樣也是被一名刺客趁他車行經過時，在他車上安裝了一顆磁吸爆裂物爆炸身亡。

以色列下手的對象不只伊朗核武專家，連幫手也不放過。以色列想要滲透供應商，向友邦情報單位預警可疑貨櫃並破害運輸管道。既然如此，他們會那麼早就注意到卡爾・李這個人還想要對他下手也就不意外了。以色列一方面透過外交管道向北京施壓，一方面把相關消息洩漏給摩根索及其紐約州的檢察官辦公室。

同時間以色列也在全世界展開宣傳戰事：情報員固定提供他國記者和政治人物伊朗飛彈和核武計畫的細節。還廣邀眾人到世界各地的以色列大使館和領事館去聆聽演說和講座，並在桌上放置完整伊朗核計畫和飛彈相關檔案，然後就任由與會者自行瀏覽。根據當時德國《明鏡周刊》和《紐約時報》的報導，以色列摩薩德也是二〇〇二年揭發阿拉克重水反應爐的幕後主使者，這是伊朗祕密提煉濃縮鈽的所在。據信以色列國外情報單位的情報員會搜集好相關情報，再將之洩漏給伊朗反對派人物。以色列的盤算是：指控出自伊朗的團體遠比伊朗的敵國情報單位來得可信。這也是他們找摩根索的原因：出自美國檢察官之口的公信力遠比以色列情報單位來得高。

看清了以色列的手法後，我們不禁自問：whoislifangwei.com 這個神祕兮兮的網站會不會也是基於同樣的理由而設立的？躲在這網站以及其所屬的臉書卡爾·李群組背後的，會不會就是以色列情報單位？會不會就是因為這個原因，所有追蹤網站背後藏鏡人的線索才都無疾而終，而我們所有和他們的聯絡也都石沉大海？

這麼長久下來，我們已經算不清究竟上了 whoislifangwei.com 網站多少次了，也算不清點了網站連結頁面幾次，又看了網頁上那一格一格像素化的中國人眼睛多少遍。肯定有好幾百次，但那個網站依舊充滿謎團。不管為李方偉這個高度危險的軍火商設立網站的人是誰，總之他是沒人認得的人。

到底是誰這麼煞費苦心做出這麼精緻的漫畫版和動畫版卡爾·李，還每個月固定更新內容，甚至還準備英文、阿拉伯文和中文三個版本。

我們想要知道這個騙子和玩障眼法的世界是怎麼運作的，他們用什麼樣的策略，又是誰躲在網站後面。我們寫信給全世界的專家，請他們和我們通電話或視訊，藉此告訴他們我們在調查的事，再向他們一一討教。好不容易進展到一個程度後，終於有人願意和我們見面，一個我們很期待能從他身上得到答案的人：世界首屈一指的網路專家，過去曾經為某個政府工作，擔任一個非常敏感的職位，就是那種所謂的「網軍」。他的專長之一是揭發所謂的「僵屍網路」（Botnet）：一種犯罪者會祕密用惡意軟體感染電腦，在使用者不知情的情況下讓電腦為他發送垃圾訊息，藉以發動網路攻擊或是進行線上詐欺。要是這世界有人有辦法查出 whoislifangwei.com 背後的藏鏡人，那就是這個人了。至少這是我們的希望。

因此我們長途跋涉前往一個祕密地點。見面地點得搭飛機到另一個時區，再搭一段漫長的車程。黃昏時我們到了，約在一家餐館，他已經幫我們預約好座位。我們先坐下，足足等了一個鐘頭。我們一邊觀察侍者，一邊研究菜單。這位專家顯然喜歡高級菜和完美的服務。

這時有人走進門後直接朝著我們走來，打過招呼後向我們致歉，請我們諒解因為城裡交通一向很亂，再加上足球賽的數千球迷。他點了鮪魚配花生和生菜沙拉加德式酸菜。接著他立刻聊起正事，並請我們多講一些我們研究專題的事。

在電子郵件往來過程中，我們一直很小心不敢講太多，但現在可以講開了；要是我們再不透露，那他也無從說起。因此我們一五一十告訴他那個剛好我們開始研究不到幾週就突然出現的網頁。另外也對他說了一些奇怪的遭遇，像是找不到臉書個人專頁真正的使用者，還有那個推特個人專頁常上網的時間，完全不像會是住在德國時區內的人，倒比較像是住在美國東岸時區的人。以及這網頁也不像是一般正常大學生的研究專題，竟然還會製作 GIF 動畫，把卡爾·李的頭像安在一隻豬身上，豬下半身的褲子還掉到地上。

「這故事聽來挺有意思。」專家這麼說。

我們問他想不想看看那個網站？「那當然！」我們把手機給他，他在上面滑了一下，看了看後就抿嘴。「這不會是出自學生的手筆。」他道。這東西更像是專業人士的手筆。專業人士？對，國家聘用的程式設計師。那隻放屁的豬和其他的內容，可能是一種資訊作戰。他認為這可能是以色列或美國人的手筆。

以色列軍隊向來就以其網軍聞名。其網軍中最知名的單位是「八二〇〇部隊」（Unit 8200）或用希伯來文寫就是Yehida Shome Matayim。該部隊共招募了上千人，多為十六到二十一歲的年輕人，他們會滲透敵人的網路系統、手機和行動網路，竊聽、監看，並在網上發動攻擊。比如八二〇〇部隊成員就曾經滲透並破壞敘利亞空中防禦系統，讓以色列戰鬥機可以前去轟炸敘利亞一棟以色列發現藏有核反應爐的軍事複合體。

而八二〇〇部隊最為人所知的戰績就是「震網」（Stuxnet），這是一種電腦蠕蟲惡意攻擊程式，曾在二〇〇七年造成阿卜杜勒．卡迪爾．汗的鈾離心機爆炸。這是一項得耗費數年才能布線成功的任務，還需要有強有力的搭檔才能完成，在這個攻擊中以色列的搭檔是美國。

美國在利比亞獨裁者格達費放棄其核武計畫後，沒收了數部利比亞所擁有的同一型鈾離心機，專家稱之為P1鈾離心機，並將之用在伊朗。

以色列的情報單位從那以後在內蓋夫沙漠的迪莫納軍事複合體這座以色列製造自己核彈的地方，仿造了伊朗的鈾離心機。以色列情報單位長久以來就知道，伊朗這部離心機是靠西門子軟體控制的，而這個軟體又是在微軟視窗系統下運作。震網這個被混沌電腦俱樂部（Chaos Computer Club）命名為「數位碉堡剋星」的惡意蠕蟲程式就是被安裝在這裡。

這個蠕蟲程式能夠利用多個電腦安全漏洞，鑽過防毒軟體，然後讓鈾離心機胡亂地瘋狂加速又減速，一直弄到它爆炸為止。成功之後，震網程式還會湮滅自己的足跡。

要讓震網程式這顆數位彈頭發揮效力，首先要讓它能夠進入伊朗的核武工廠。這時通常會需要一名在那邊工作的伊朗人，在他知情或不知情的情況下當內應。「總是會有那麼個少根筋的工程師對自己手上的隨身碟毫無防備。」一位熟知內情的人事後這麼向《紐約時報》披露，而《紐約時報》則將這段幕後祕辛刊在一篇長文中。

二〇〇八年伊朗第一座鈾離心機在納坦茲爆炸。伊朗人一開始不明就理，他們只是把工作人員開除，然後搭監視攝影機。但之後越來越多離心機都故障。而另一邊以色列則繼續開發他們新的震網蠕蟲程式。這種電腦蠕蟲變得越來越強大，這一來伊朗會喪失更多離心機，核武計畫只會越來越落後。

但這一來以色列的祕密程式人員也就冒了越來越高的風險，而這是必然要付出的代價。二〇一〇年夏天震網蠕蟲程式大爆發，其原因至今不明，但這程式不只感染了納坦茲的電腦，也感染了世界其他地區。突然間其他國家的桌上型電腦也都受到感染，最後全球大眾都遭到這個程式的攻擊。

之後資訊科技專家發現，震網程式在每台被感染的電腦留了一條線索：在所謂的登錄檔儲存了一組檢查值「一九七九〇五〇九」，也就是使用微軟視窗的電腦系統所儲存系統相關訊息的資料庫。只要登錄檔中發現了這組序號的電腦就不會再次受到感染，可能是為了預防震網蠕蟲程式不可遏止地蔓延，最後導致全世界電腦都受到感染，甚至連設計出該程式的國家都難逃其害，所以才有此一著。專家懷疑震網的檢查值可能是某種暗號，因為這組數字如果依西方習慣念會出現一個日期：一九七九年五月九日，這是一名猶太創業家在德黑蘭被處決的日子。他的罪名是以色列間諜。

是巧合還是在挑釁？

八二〇〇部隊中很多年輕成員在正式上工前，都必須完成一項駭客野心訓練計畫。八二〇〇部隊的工作環境很像一般新創公司，會分成很多小組尋求創意的答案，有時甚至還會露出青少年的幽默感。

卡爾．李網頁的風格，從調侃人的人物漫畫、放屁的豬，全都符合以色列網軍的作風，這位專家這麼跟我們說。另外還有一個細節是我們在那位躲在網頁背後，據稱是海德堡學生卻怎樣也聯絡不到人的張增博的 YouTube 個人資訊頁注意到的。在他的個人資訊上還貼了一則伊朗飛彈碉堡的影片。這是剪輯的畫面，上頭把卡爾．李的頭像當成浮水印，背景則播放迪斯可音樂。我們用音樂辨識軟體去搜尋這首歌，搜尋結果：這是特拉維夫一名 DJ 的舞曲。

這會不會是那些以色列工程師暗藏在裡頭辨識用的暗碼？

如果是的話，這代表什麼？

主餐以及餐後甜點用完好久了，外頭夜色都暗了，我們才終於問到最重要的一個問題：為什麼要這樣？好了，就算我們假設這真的是以色列人幹的，或者甚至就是八二〇〇部隊網軍幹的，那他們的目的為何？他們想要藉由 whoislifangwei.com 這個網頁達到什麼目的？

坐在桌子對面、姑隱其名就稱他網路專家的這位專家，這時朝前靠向我們。他像是有點感興趣，可能是因為我們問的那些幼稚、無知的問題，但也可能是，像我們注意到的，其實他聽得很入迷：這個神祕的駭客世界裡，宅文化、創意和頑固的國家利益互相衝擊。

他等到侍者走遠聽不到我們的話聲後才低聲說：一個可能的動機是恫嚇對方。要是卡爾．李看到那個網頁，他就會知道：我們正在盯著你的一舉一動。亞倫．阿諾德也有同樣的猜測。但我們這位網路專家另外舉了一個動機：監視，藉由這個網站知道誰來逛過，又對這個主題有興趣，首當其衝的當然就是卡爾．李本人。建立這樣一個網頁，可以把惡意軟體植入他的電腦中。

還不只他的電腦會中毒，其他調查卡爾．李的記者，比如說德國記者也會被植入軟體。

這一來就讓我們這位專家更樂了。我們猜的，因為他看到我們臉上露出擔心的表情，我們擔心是因為，那個網頁我們不知用自己的電腦、手機上了幾千幾萬次了。

這位專家向我們信誓旦旦保證會仔細研究這件事。但有件事他要跟我們說清楚：萬一發現事情是以色列幹的，那他就會收手了。他可不想招惹網路世界的超級大國。

第14章 死亡出口商

「死神是德國來的大師」這句話出自保羅・策蘭（Paul Celan）的黑色詩篇〈死神賦格〉（*Todesfuge*）。儘管納粹德國時代距今已久，但在精密武器和科技方面，德國依然遙遙領先。而德國企業傳統上對於接觸一些有問題的國家又都覺得沒什麼不行，因此毫無意外，德國公司也難免會和卡爾・李軍火買賣扯上邊。

在公元兩千年前後，不僅是德國聯邦情報局，就連其他西方國家的情報單位也都接獲線報，顯示伊朗正在製造核彈，線報也指出，伊朗建造的飛彈是為了搭載核彈頭而設計的。過去協助伊朗建造核彈和飛彈的專家來自蘇聯和北韓，但現在伊朗自己也在本國訓練出數百名專家。但巧婦難為無米之炊，沒有原料，有再好的專家也沒用。因此西方情報單位想探知德黑蘭政府所聘用的採購專員如何在國外搜購機器和零件。

伊朗採購專家特別鎖定一個國家，那就是德國。

德國在二〇〇三年一度超越美國成為世界最大出口國，還因其無數生產幫浦、閥門、工具機、測量器材和機組的高科技公司聞名於世。這些都是用來造汽車或是化學工業所需要的器材，但也可以用來造導彈、化學武器或者核彈。同時德國當時跟現在一樣，是一個在武器出口規範上非常多漏洞的國家。數十年來德國科技業的科技一再落入那些居心不良的政權手裡。

一九八九年初發生一樁驚世駭俗的事件，讓世界認識了德國這一面。當時《紐約時報》報導，德國幾家公司涉及為利比亞獨裁者穆安瑪爾．格達費（Muammar al-Gaddafi）建造毒氣工廠。此事引起國際間群情忿怒。《紐約時報》就以「沙漠黃沙中的奧斯威辛集中營」為題寫道：「我們以為這一代的德國人應該深知其父執輩當初毒殺數百萬無辜生命所背負的罪，所以對於如今有一個獨裁國家用毒氣殺害平民這樣的事會特別謹慎小心，不會去參與。」

但德國公司卻一再漠視國際間的禁運和制裁，一而再地置利益於道德之上。德國公司為敘利亞獨裁者哈菲茲．阿塞德（Hafiz al-Assad）以及薩達姆．海珊（Saddam Hussein）建造毒氣工廠，後者還用大規模毀滅性武器來對付其國家的平民，殺害了成千上萬的庫德族人。

這樣做所換來的懲罰對這些「死亡出口商」而言實在是太輕了，「死亡出口商」來自一九九〇年一本德國揭發內幕書籍的書名。當時的德國司法系統和聯邦政府幾乎沒有意識到這個問題的嚴重性；在《紐約時報》披露格達費毒氣工廠和德國公司所扮演的角色時，當時的聯邦經濟部長、德國自由民主黨的馬丁．班格曼（Martin Bangemann）把話說得很明白：美國人根本就是「酸葡萄」。

但是國際間的壓力，尤其是來自美國和以色列的壓力，終究對德國造成影響。自從一九九〇年代以後，德國主管機關對於企業接到來自外國可疑地區的交易查詢時監管得越來越嚴，尤其是德國國內情報單位的反情報部門，也就是聯邦與邦級憲法保護局（Bundesamt und Landesämter für Verfassungsschutz）先後阻擋了無數這類出口。專家口中稱為貨品販售的產品在運往北韓、敘利亞、巴基斯坦和尤其是伊朗這個「武器擴散」最活躍的國家後，最終卻促成核子飛彈建造。德黑蘭政權想方設法要為飛彈計畫和核武計畫弄到零件。德國情報單位不只一次在伊朗為核電廠或是閱兵拍攝的宣傳影片中發現來自德國的零件。這些零件是怎麼送到伊朗，卻始終沒有得到完整的答案。

憲法保護局想防範於未然，要以特殊專案直接針對德國公司。政府官員擬定公司進出口清單，以確保沒有人不小心出口敏感科技到可疑的客戶手上。一旦察覺有仲介莫明介入交易或是收取高額訂金，或是訂單價格高昂或是以現金交易，又或者客戶對售後服務或保證期限不感興趣，保護局都會發出警訊。這時候國內情報單位的專家就會提醒這些公司要所有提防。

德國情報單位也會主動和德國公司接觸，並且向他們說明。據官方資料顯示，多數的公司都願意配合。這些公司慢慢都明白了販售商品給來路不明採購商的風險。從二〇一九到二〇二二年，官員為德國公司代表辦了三百多場這類「提高銷售對象意識訪談」的座談會。

但儘管德國政府花了這麼多心思，伊朗情報人員至今依然在德國高度活躍。以色列和美國外交官員經常走訪柏林，他們指出還是有德國公司據報在支持德黑蘭政府。從公元兩千年之後，更有德國公司遭到搜索、調查和逮捕。

二〇〇四年德國主管機關發現伊朗依然在德國境內擁有鈾離心機零件採購網絡，因此在巴登－符騰堡和黑森（Hessen）等邦展開了逮捕行動。兩年後一名伊朗外交官因為向巴伐利亞一家特定公司為伊朗政府採購濃縮鈾計畫所需零件被捕。主管機關稱此人是伊朗駐法蘭克福總領事館的官員，並宣布他不受德國歡迎，強制驅逐出境。

從二〇〇八年起德國重型載貨卡車，只要是能夠運送飛彈的，就不再被允許載運貨物到伊朗。

二〇〇九年德國柯布倫茲（Koblenz）高等地方法院以出口石墨到伊朗為由，判處一名商人六年徒刑以及高達七十萬歐元的罰鍰。根據法官的說法，這些石墨可以用在中程和長程飛彈上。

據憲法保護局指出，伊朗政府為了要從德國獲取科技和製造技術，他們還勒索北萊茵－西發利亞邦一名採購商，逼他為伊朗運送核子工廠用的幫浦。這名商人原籍伊朗，受到伊朗情治單位的脅迫：如果他想伊朗的親戚平安，還是乖乖運送器材比較好。

偶爾伊朗的訂單還會靠著假借研究之名而得逞。伊朗政府派出的情報人員會在德國大學和公司，透過交換計畫安插實習生、學生和科學家，通常美其名為想要學習汽車工業的知識。但這些知識卻都轉而用在增加伊朗飛彈的射程上。

因為德國當局和企業界都變得更有警覺，所以伊朗當局變得更會東躲西藏。它們開始隱藏收件方的真實狀態，有時客戶就假稱是在國外讓人不疑有他，有時則用紙上公司和一些人頭當掩護。而其遞送路徑主要會輾轉經過三個國家：阿拉伯聯合大公國、土耳其和中國。

據德國情報網的調查，中華人民共和國更是這整個運送網絡中最大的問題所在。中國和所有大型工業國家都是重要的貿易夥伴，貨物出口到中國一般來說很正常，除非確知最終目的地是伊朗或是北韓。但要掩飾最終目的地太容易了，何況中國主管機關在這方面從來就不愛配合西方國家，也不願意配合阻擋貨物轉口送往這些國家。

二〇二〇年八月，烏茲堡（Würzburg）地方法院判了阿沙芬堡（Aschaffenburg）一名機器製造商公司負責人以及公司內與其關係最緊密的女同事有罪。一家德黑蘭公司先前曾想向該公司購買一台可以測量重達三點七噸重型零件的機器。阿沙芬堡這家公司向德國聯邦貿易與出口管制局（Bundesamt für Wirtschaft und Ausfuhrkontrolle，簡稱 BaFa）申請出口許可，但該局拒絕核發許可，並告知阿沙芬堡這家公司，買方正是伊朗飛彈發射計畫的採購公司。

該公司負責人卻不把這當一回事。他也許早知道會被拒發許可，因為他的公司甚至早就登過推銷廣告，力推自己的機器可以用來為飛彈零件秤重。

據法官的看法，這名來自中國的公司負責人直接想了一個辦法，就是把該機器先賣給不久前才剛併購了阿沙芬堡這家公司的中國母公司，然後再由伊朗那邊的窗口輕輕鬆鬆地向中國母公司下訂單，這一來即使伊朗那邊早就被德國當局盯上也沒有問題。實際上機器就是從阿沙芬堡運到漢堡港後，用船運轉運到伊朗。

不久後這家德國公司的技工飛往伊朗，將機器組裝完成上線工作。該名技工隨後在偵訊中坦承，在伊朗經過了層層安全關卡才到達目的地。該區被嚴密監視，並且似乎是軍用的區域。伊朗人想要在他啟動該機器後，用機器來為一個重達二點五噸、通常用來建造飛彈用的半圓鋼殼秤重。這名技師在審判後全身而退，但他的老闆則被烏茲堡地方法院判處兩年九個月徒刑，而那名與他過從甚密的女同事則判處一年六個月徒刑。

德國當局從公元兩千年前後就開始一而再地想要化解在德國、中國和伊朗三國之間轉口貿易的三角貿易方式，而這正是卡爾・李想要利用的管道。

比如美國官員就接獲線報指出，二〇〇九年六月間伊朗頭號固態燃料飛彈製造商夏西德・巴格利工業集團想從德國布拉本德集團（Brabender GmbH & Co. KG）獲得一款特殊機器的訊息，但方法是想要透過中間商 M/S SEL 貿易有限公司取得。而且他們似乎也已經向兩家德國公司馬爾集團（Mahr GmbH）和巴馬格公司（Oerlikon Barmag）洽購幫浦成功。

二〇〇九年夏西德・巴格利工業集團表達有意向德國巴馬格公司購買幫浦，但它想透過一家在中國的公司：大連保稅區順成國際貿易有限公司（Dalian Sunny Industries），其幕後正是李方偉在操盤。美方事先得到風聲並向德國主管機關發出警訊，指該零件可以被用在飛彈系統的製造上。最後這筆生意當然就無法成交。

這次和其他次類似的交易究竟是怎麼發展的，這中間情報單位扮演了什麼樣的角色，而德國公司又是如何反應的，這我們幾乎無從重建。但調查此案過程中，不論我們去找誰談，只要一問到卡爾．李，以及透過他公司為伊朗採購的事，對方一定就立刻閉口不談。

這些金錢的流向也都是從卡爾．李直接到歐洲，通常就是進到德國和瑞士的銀行。在金融機構、金融服務商和政府機關工作的人偷偷跟我們說，比如在瑞士大型行庫瑞銀（UBS）就獲知，李方偉或卡爾．李出現在其銀行客戶名單中十七次。據西方監管機關透露，數家和他有關連的公司都一度在瑞銀有過戶頭，這些戶頭可能都是用來出售飛彈零件給伊朗用的。瑞銀給我們的答覆是：「依本公司慣例，我們不會去談論客戶之間可能的關係。」

而德意志銀行（Deutsche Bank）也在李方偉的生意中扮演了重要角色。二〇〇七年李名下的一家公司想要將石墨和鎢銅運往夏西德．巴格利工業集團，美國國務卿萊絲交待美國駐北京大使館阻止該交易，這次交易背後運作的銀行就是這家德國最大行庫。

每次只要我們在調查可疑的交易時，不管是貪污或是洗錢，德意志銀行總是赫然在列。幾乎沒有一件事沒有德意志銀行的蹤影，不管是醜聞還是不法交易。德意志銀行一度是「德國股份公司」（Deutschland AG）[7]的象徵，代表德國經濟奇蹟、德意志聯邦共和國的崛起。「但隨著時間慢慢過去，太多員工分不清楚法律的合法和道德上合乎分際的差別，也分不清楚法律上的不合法和道德上不守分際的差別。」這是《南德日報》（*Süddeutsche Zeitung*）在二〇二〇年的報導。真實的情形是，零售商買到的都是一些內容錯綜複雜的金融商品，投資顧問則幫上百位客戶設立和管理空殼公司。德意志銀行就出現在「盧森堡解密」、「離岸解密」、「巴拿馬文件」、「天堂文件」以及「潘朵拉文件」等不法金融記錄的文件中。

德意志銀行到現在肯定已經為此付了超過兩百億歐元的罰款。二〇一七年該行被迫在全德報紙為其過去的不法情事刊登道歉廣告：「本行的行為未能符合本行標準，實在難以接受。」

因為進行這項調查，也讓我們看到卡爾．李透過德意志銀行付款的金流。匯款資料都是實實在在的不正當金錢往來，一名熟知內情的人告訴我們，這類金流有時是透過大型國際行庫，有時則是透過小型地方行庫。

美國國務院早在二〇〇八年即已命其駐德國外館要針對此事施壓德國有關機關，當時一通派往駐柏林大使館的祕密電文中就有一份備忘錄給美國駐德各政府部門外交官員。備忘錄中指出，德意志銀行涉入卡爾．李雷姆特公司和一名伊朗飛彈製造商之間的匯款事宜。「我們敦促您採取動作，以確保德意志銀行法蘭克福分行或是其他德國金融機構和雷姆特這家中國公司沒有任何關連。」銀行行庫或公司行號若參與雷姆特公司匯款事宜者，可能會在不知情之下為伊朗飛彈計畫為虎作倀。

而另一方面由羅伯・摩根索所帶領的紐約州檢察官辦公室也注意到這類的付款金流。在他們所分析過的數千封電子郵件和銀行轉帳記錄中，他們發現卡爾・李很多生意是用歐元付款，特別是自從二〇〇四年美國政府第一次針對他實施制裁行動後。這些匯款改流向德國金融中心法蘭克福。摩根索因此派了他的檢察官前往德國。

「我們整理出一個卷宗，」摩根索前同事亞當・考夫曼回憶道。紐約調查員團隊當時翻遍德國法律，詳列出涉入匯款金流的德國和歐洲行庫，以及其匯款時間。他們的看法是，他們想要唆使德方調查員去查卡爾・李，就像當年以色列摩薩德說動美方去進行一樣。

他們在波昂拜會了德國聯邦檢察官辦公室的代表和聯邦刑事警察局的一組調查員。他們對這些官員說明卡爾・李在這些情事中所扮演的角色，並將他們所匯整的卷宗交給德方。「當時感覺這次的會面很有建設性，」考夫曼說，「他們所問的問題都一針見血。」德方調查員帶了美方人員去吃晚餐，點了德國香腸和啤酒，一直等到德方人員離開很久後，美國檢察官獨

7 這個詞起自一九九〇年代初期，代表德國大型行庫、保險公司和工業集團之間所形成的合作網絡。此網絡奠基於互相持股，以及德國企業經理人、工會成員與政治家在監事會的集中管理。此詞多帶有負面意涵，因為這三者的關連影響力過大，等於直接掌控了德國經濟政策的決策。而在這個詞之下的德意志銀行和安聯保險（Allianz）尤其因為其龐大持股受到詬病。——譯注

自留在深夜的萊茵河畔啤酒花園中。「這趟拜會很有趣。」問題是此行對整個案情全無幫助。亞當・考夫曼說，德方對卡爾・李的調查行動完全沒像在美國那樣展開過，至少他和同事完全沒有聽到任何進展。

這話是真的嗎？德國官方三緘其口。聯邦刑事警察局回覆我們的查詢時說，他們不會針對特定調查是否在進行或已結束之事發表任何說法。聯邦檢察官辦公室也一樣，說該單位不會針對它是否調查過特定人士或曾參與過特定事件的事提供訊息。

至少到二〇一九年為止，卡爾・李的匯款實際上都是透過德意志銀行轉匯，一位很可靠、熟知內情的人向我們保證。我們從巴拿馬文件中發現，金流會匯入大連增華和他另一家離岸公司成動有限。德意志銀行對於我們詢問的回答則是：「基於法規」他們不會針對「實質或是潛在客戶關係」發表任何言論。

第15章
積極追獵卡爾・李

這天早上在華府飄揚的美國國旗比平日多，街道上大群哈雷重型機車更是轟隆隆作響。這天是悼念過去無數戰爭中捐軀的陣亡將士紀念日前的週末。整個華盛頓首府都在準備週一的傳統大遊行，成千上萬的重機會擠進城裡來，到時候要用重機發出的噪音紀念那些戰死的同志和成為戰俘的美國士兵。

在離白宮幾分鐘路程遠的地方，我們和湯瑪士・康垂曼（Thomas Countryman）見面。我們約好要在一間辦公室大樓前碰面，那大門在週六這天完全人去樓空。他帶我們搭電梯來到十一樓「美國軍備管制協會」（Arms Control Association）辦公室所在地，這是一個致力於全球武器管制和減少大規模毀滅性武器的民間遊說團體，康垂曼是該協會的主席。

他招待我們到一張會議桌旁坐下，還端來了咖啡，正一正自己的外套後坐了下來。康垂曼這人看事情深刻果斷，我們跟他講不到幾句話就可以注意到了。他講話簡短有力，遣詞用字非常精確仔細。

不久前他還是美國層級最高的外交官，直到川普莫明其妙突然解除他的職務。康垂曼是正在前往約旦參加限武會議的路上突然被召回，此事引起美國國務院一片譁然，因為他是美國能力最好也資歷最深的外交官。一九八〇年代初期他擔任美國駐貝爾格勒大使館員工時親眼目睹了南斯拉夫一步步走向解體，之後他又先後被派駐開羅、雅典、羅馬，以及紐約聯合國總部。在聯合國他擔任伊拉克武器計畫調查委員會的美方聯絡官，並且也是美國國家安全會議負責中東和南亞事務的官員。

二〇一一年民主黨籍的總統歐巴馬提名康垂曼擔任美國國務院國際安全與防擴散局（Bureau of International Security and Nonproliferation）國務助卿。他在這個職位上待了五年半的時間。國務助卿這個職位必須掌管一個兩百五十多人的部門。在和我們訪談時，他告訴我們該部門任務是：「阻止世上最危險的武器落入世上最危險國家領導人的手中。」或者再凶險一點：「化解核彈大屠殺的危機。」

康垂曼在二〇一九年初（和其他我們接洽的人不同）馬上就答應要和我們談化名為卡爾．李的李方偉的事。他說為了和我們會面，他做了充分準備，把舊檔案都翻讀過，也和過去的同事聊過，好讓自己能夠溫習過去某些階段的記憶。

就在二〇一一年他被提名為國務助卿不久，但還沒獲得參院同意前，康垂曼第一次聽到了卡爾．李這個名字，也聽說了范狄本。成為助卿後，康垂曼就成為范狄本的頂頭上司。范狄本和其國務院同事視李方偉為伊朗飛彈計畫中最重要的他國供應商。可惜美方的努力到頭來成了白忙一場，不管是在司法面、國務院或是情報單位全都落空。「當時我們就看清楚了，我們有責任要對中國政府再進一步施壓，讓他們去阻止這位李先生。」康垂曼說道。

不管是北京或是華府方面，在日內瓦、維也納或紐約的聯合國會議場外，美方外交高層只要遇到中方高層，一定就會向中方提及卡爾·李的事。但一如前幾年的情形，美方只能望著中方興嘆，下再多功夫也徒勞無功。

他和中方的對話總是一成不變。「他們都是好外交官，」康垂曼道，「耐心傾聽，這正是身為外交官最重要的特質。」但中方關心的卻都只是美方訊息的來源，儘管中方自己明明清楚：美方能說的只有這麼多，畢竟美方不能危及自己線人的安全。「我給他們的答案也是千篇一律，那就是中國政府大可以自己去查證我們給的訊息，提供中國法庭要用的證據並不是我們的責任。」

事實上中國政府領導高層要查出卡爾·李和他的公司網絡在搞什麼鬼明明輕而易舉。為他載送貨物前往伊朗的貨船就停在中國商港裡，其工廠就在中國土地上，而中國又是一個監控國家和警察國家，只要其維安單位認為有必要，就可以隨時取得人民通訊和交易記錄。在中國，法庭要聽共產黨的話的，員工隨時可能被審問、被逮捕和被判刑。共產黨國家機器的權力高於一切，但這必須要整個體制健全且沒有漏洞。一旦李方偉在黨機器裡找到有力靠山和支持者，體制要動他就是難上加難，官員就不太敢動調查他的念頭。

康垂曼和其手下當時有預感，那些和他們打交道的中國外交官員應該不太有辦法去動李方偉這名軍火商。「對於一名中國政府中階官員而言，要對付像卡爾．李這樣既有錢，又有許多律師和人脈關係的人物大概太困難了。」康垂曼如此認為。顯然這名大連來的商人不是他們能動得了的，更何況共產黨機器中的裙帶關係非常普遍。

在習近平於二〇一二年大權在握並發起反貪腐運動，導致數十萬中共幹部去職下台之前，行賄在中國是很常見又公開的行徑。當時在北京各政府部門前還開了各式專賣店，裡頭可以買到瑞士名錶、陳年威士忌和名貴香水，全都是為了賄賂高官用的。店家還允許商品回收換現金的交易模式，比如說如果一名高官手上已經有十支勞力士手錶，或者這名官員不抽菸，你卻送了他一盒高級古巴的高希霸（Cohiba）雪茄，那可怎麼辦？所以那些烈酒、菸品或是金筆可以拿來換現金回去。

美國當時決定改弦易轍另闢蹊徑。他們決定從最上層施壓，並且直接把卡爾．李的案子當作兩國事務優先處理。美國總統應親自介入，而他也果然這麼做了。歐巴馬總統當面對中國領導高層談起此事。全世界最有權力的人親自抗議起卡爾．李這人。

在歐巴馬第一任期間，華府上下都還以為中國正在改變，朝越來越開放的方向走去。在二〇〇八年秋天歐巴馬剛當選時，夏季奧運才剛在北京辦完沒幾個禮拜。奧運期間全世界的新聞記者見識到一個全新的中國：商業上正蠢蠢欲動，文化和體育欣欣向榮。政治肯定也會跟上來吧，當時大家都深自以為如此。

而當時中國果真有那麼一點點改變，康垂曼說：他們的出口法規變嚴了，也增加了出口檢查的人手。我們從維基解密電文中得知，中方當時還向美國外交官員保證，他們之前已經根據卡爾・李的證詞出手懲罰了卡爾・李。據說中國主管機關更查扣了更多卡爾・李公司試圖出口的貨品。但這些手段卻對卡爾・李的行動沒有產生絲毫影響，他還是不斷在出口貨物，而且規模還越來越大。

「中國政府過往的作為讓我們知道，如果他們有心，其實是有權力和辦法讓人做不成生意。」康垂曼道。因此結論就是：中國政府不肯。是高層有人擋住了，基於某種原因一再地為卡爾・李排除一切障礙，康垂曼認為必然是如此。

美國政府的挫敗感越來越大。當時距離摩根索在紐約公開起訴書已經有五年時間，事情卻毫無進展。對卡爾・李和其公司的制裁也毫無效果，所有對中國發出的外交電文和對談也如石沉大海。華府方面於是開始相信，要對付卡爾・李現在只剩下一個方法有用了，而這個方法是過去華府從來沒有在軍火商身上用過的。

白宮方面於是召開一連串的會議，召來美國所有相關單位針對卡爾・李的事來個腦力激盪，好想出辦法來對付這名中國人。他們選在艾森豪行政辦公大樓（Eisenhower Executive

Office Building）舉行會議，這是棟緊鄰白宮具有歷史性的辦公大樓，屬於華府的一部分。這場會議中，中情局、國家安全局、聯邦調查局、司法部、國務院、財政部的代表全都與會集思廣益，各自講述各部門能夠出力協同打擊卡爾・李的方法。高層官員和情報單位分析師經常會晤，擬定了一個他們私下稱為「卡爾・李閃電計畫」（Karl Lee Blitz）的行動，要從多方面阻止這名中國商人。透過前所未有的公開協同作業，從司法起訴、提高制裁以及外交施壓等方面，美國政府要出手制止卡爾・李的不法勾當。

二〇一四年四月二十九日美方正式出手。美國司法部宣布，將由聯邦法庭起訴卡爾・李。財政部和商務部也分別針對一長串的紙上公司和卡爾・李用來出貨的公司祭出制裁。聯邦調查局也宣布凍結屬於卡爾・李旗下公司的近七百萬美金，並譴責這名來自大連的商人為地球上最惡劣的重刑犯和恐怖主義者。這一天全美調查單位也公開了卡爾・李頭像的通緝海報，並分別採用英文版、中文版和波斯語版。聯邦調查局更提供了五百萬元的懸賞獎金給提供線索協助逮捕他歸案的人。

「中國政府對於外界施壓一向不聞不問，」康垂曼道，「但如果你公開指責，偶爾他們還是會有所反應。」而這一點正是美方特別希望能夠透過他們的「卡爾・李閃電計畫」達成的。畢竟中國還是聯合國安理會的常任理事國，既然如此，一名中國商人一再違反中國投同意票的安理會決議文，且中國政府也知情，這樣中國就是沒有盡到其做為國際社會成員的責任。

但這個計畫到頭來還是一場空。

那天之後一名中國外交部發言人出來開記者會。會中他被問及中國是否知道卡爾・李的下落，又問中國是否會將卡爾・李引渡到美國。中方發言人說，對於報導我方知情，接著就開始數落美國政府：中國堅決反對美國援引國內法對中國企業、個人實施單邊制裁。美方有關做法無助於問題解決，而且有損雙方防擴散合作。中國政府高度重視出口管制法規工作，美國政府應停止其錯誤做法，回到防擴散合作的正確軌道上來。

中國政府竟然替卡爾・李說話？為什麼？

第16章
中國的一場大戲

來到北京使館區大老遠就可以看到伊朗大使館。北京使館區這裡成棟成棟機能性建築，伊朗伊斯蘭共和國的大使館矗立在亮馬河岸上，宛如一棟中世紀末的波斯宮廷。一棟有力、不凡的建築在中國首都正中央，儘管周邊不乏雄偉建物，但沒有一棟比它更有異國色彩。這裡有八千平方公尺占地，四圍高牆林立，窗子小得像是守城的砲孔，卻有著壯觀的拱形大門。入口後則是四個相連的庭院，庭院裡有水池和噴泉，另外還有大使官邸前的中庭、泳池前的中庭、大使館辦事處前的中庭、訪客用的中庭。李方偉有多常來這座波斯式碉堡談交易和安排出口？

要瞭解中伊關係，就要從一九八〇年代說起。早在伊朗和伊拉克發動了第一次波灣戰爭時，華府和北京就已經在中東各擁其主互相叫陣。美國還有蘇聯支持海珊政權，中國則是德黑蘭政權最重要的武器供應國。「中伊之間有很密切的交流。」林小仙（Angela Stanzel）這麼說。她是德國頂尖的中國專家，對中國的瞭解不單只是從學者的角度，林小仙在中國住了將近十年的時間。小時候就隨擔任德國駐北京外交官的父親在中國，長大後又回到中國念書。

林小仙是德國學術暨政治基金會（Stiftung Wissenschaft und Politik, SWP）的學者。該學術機構創於一九六〇年代初期，由一位德國聯邦情報局工作人員卸任後所創辦，當時正值古巴飛彈危機，全球差一點就要引爆核戰。當初的創辦人和參與者認為，當時才剛成立不久的德國聯邦共和國需要效法美國擁有外交政策智庫，以便為德國政策制定者提供分析。

該基金會如今已經成為歐洲頂尖智庫。其預算主要來自聯邦總理府撥款，負責向柏林政府官員和政治家提供意見，同時也向歐盟、北約和聯合國代表提供意見。林小仙在基金會中負責的是中國外交政策的評估。

谷歌快訊顯示了林小仙的名字。在開始調查這個案子之初，我們就設好了這個快訊，只要「李方偉」這三個字一出現在網路上，就會有電子郵件來提醒我們。

而這次電子郵件的提醒是來自這位女性學者的論文。在論文中她解釋了中國和美國在中東的利益衝突，以及北京領導人想要削弱美國的影響力。在這個超級霸權之爭中，中國仰賴的工具就是卡爾．李。林小仙的看法就是這樣。

「早在一九八〇年代中國就已經開始支持伊朗的核武計畫了。」林小仙道。反之美國政府在一九七九年伊斯蘭革命，以及效忠什葉派的學生挾持了五十二名美國駐德黑蘭使館的外交官後，對伊朗祭出制裁。兩伊戰爭中美國提供情報，並為空襲和戰爭提供計畫，藉此幫助伊朗神學家的頭號死對頭伊拉克獨裁者海珊。兩伊戰爭後，一九九〇年代美國又延長對德黑蘭政府的制裁，而中國則持續運送重要飛彈零件支持伊朗的飛彈計畫。中東的不穩定對中國這個遠東國家而言顯然正中下懷。

二〇〇二年以來，情勢越來越明顯，德黑蘭政府正在祕密建造核武，這讓北京改變了公開政策。中國的武器出口從那之後就「急速減少」，林小仙表示，因為公開支持伊朗飛彈和核武計畫，與中國簽署國際武器管制協議的立場衝突。更何況如果再這樣下去，中國領導人將會激怒以色列、阿拉伯聯合大公國或是沙烏地阿拉伯等伊朗在該區域的敵對國家，而北京政府還是想和這些國家維持良好的經貿關係。

在伊朗拒絕停止其核武計畫後，聯合國安全理事會在二〇〇六年決議要對伊朗進行更嚴厲的制裁，而中國也投了同意票。但不同於其他投了同意票的安理會會員國，中國企業卻不怎麼配合聯合國的制裁行動。在歐洲企業開始撤出伊朗的同時，中國對伊朗的出口量急速竄高，尤以機械和工業產品為大宗。二〇〇三到二〇一四年間，中國對伊朗出口增加了九倍。卡爾．李也得以出口他的石墨、電極和測量器材到伊朗。

中國高層之所以替卡爾．李說話，是不是就是因為這個原因：要增加和伊朗的貿易量？

在我們研究此案的過程中，聽說了好多關於為什麼此名中國商人始終逍遙法外的種種推論：他很有錢、請得起好律師、在中共高幹中疏通關係、身為戰場英雄之後的人脈以及他自己過去是官員的人脈等等。但這些推論都必須要在一個前提下才有可能成立：那就是卡爾．李儘管沒有得到中國政府的直接授權，但他的交易顯然在維持中國政府的利益，他要自己想辦法步步為營地一方面建立與德黑蘭政府的關係，另一方面又不得罪中東其他國家。

過去數十年來的中國外交政策奉行了兩個準則。首先是領土完整和不干涉原則。用在伊朗這例子上，那就是北京政府不會介入該區域的紛爭，而會維持與該區域所有國家的關係，以便建立在中東地區的影響力。不管在沙烏地阿拉伯還是以色列，都樂意見到北京政府決定要共同制裁伊朗。但中國企業卻在這裡面大發利市，這一點則和中國外交政策第二個基本原則有關：道德？金錢？規範？關係？這些都可以擺旁邊，重要的是生意、打交道和不走正途的協議。對北京而言世界不過就是個市集。要是哪國的獨裁者想建高速公路，中國的營造團隊馬上去幫他鋪柏油。只要價錢對了，資金、環境或是人權等問題都不會有人過問。至於代價，可以是銅礦開採權，或是拿出數百平方公里的農地供中方種植黃豆以供給中國市場。中華人民共和國的人民總愛談雙贏，機會要靠人去找。然而這個案子事實上卻是三贏，因為北京領導高層只有看到對中國的利益大於不利時才會同意。

在中東地區，北京當局想要的是原油（中國近半能源進口來源就在這個區域）以及給中國公司的訂單。十五年前主要就是像卡爾．李這樣的出口生意；如今則主要是基礎建設計畫的出口。「新絲路計畫」（即「一帶一路」）是中國國家主席和共產黨總書記習近平心中的大計。中國企業在世界各地造橋鋪路，中國投資了大約一兆美元的金額。在這宣傳中看似善心計畫的背後，目的是要振興中國經濟。

中國的經濟成長模式在幾年前就已經來到極限。為了讓經濟表現年年成長，中國開始擴大內需，鋪路、蓋機場以及密集的快速道路網，結果是債務雪上加霜，赤字連連，光是國鐵所累積的債務就幾乎高達一兆歐元。而其一帶一路倡議原是要為中國企業開發新市場，對象自然也包含了伊朗。但究竟中國獲得了哪些訂單，外界卻始終霧裡看花，缺乏透明度。如果說中國當局在企業接下軍火訂單時睜一隻眼閉一隻眼，以求擴大一帶一路計畫的獲益，那也不是不可能的事。

打從聯合國二〇〇六年對伊朗祭出制裁以後，中國政府就開始玩「兩手策略」，學術暨政治基金會的林小仙道。在國際舞台上北京是反對伊朗的，裝出非常負責任的世界大國模樣。背地裡卻繼續「軍事上支持伊朗，只是轉入地下」，透過卡爾．李和其國家在出口上的縱容。十五年前號稱貿易需求的理由，成了增加地緣政治影響力的掩護。

林小仙的研究顯示，北京在提供伊朗軍火上有戰略上的利益。她分析了政府文件，也請教過中國外交政策專家。北京方面在加強對中東影響的聲音越來越占上風，他們相信只要伊朗軍事上越強大，美國在中東就會越手忙腳亂。北京中國人民大學國際關係學院教授兼中國國務院最重要外交政治顧問時殷弘（Shi Yinhong）就舉例說：「華府在中東益發強力投入有利於北京，且會削弱華府針對中國施壓的能力。」

北京的戰略是這麼盤算的：伊朗越壯大中東就會越不安，中東越不安，美國就會越難以脫身。而反過來美國對於中國自家後院的事就越沒空理會，這後院包括了印太地區。或者換一種方式講：美國如果必須派一艘航母到波灣巡航的話，那舉個例子，一旦中國入侵台灣，美國就少了一艘航母可以馳援台灣。中國因此會想要「把握每個機會去挑釁美國，並讓美國轉移注意力」，林小仙道。北京與德黑蘭的祕密軍事合作是有系統的運作，卡爾．李是最引人注意的沒錯，卻絕不是唯一的管道。

除了卡爾．李以外，還有其他和他沒有關連的中國企業也因為支持伊朗飛彈計畫而受到美國制裁。除此之外，中國公司還在伊朗的鋁、銅和鐵工業投資了數千萬，都是對於飛彈建造影響甚巨的產業。《路透社》的一則報導就指出，中國一家國營企業的子公司協助伊朗興建精煉廠，供伊朗革命衛隊生產鋁粉以製造飛彈。

中國和伊朗之間的地下軍事合作顯然也包含了兩國情報單位的合作，因為從二〇一〇年起，美國在中國的情報人員就接連消失或被處決，連帶著德黑蘭政府也在伊朗破獲一個美國情報網。很顯然是伊朗情報單位成功滲透了美國通訊系統，而且是在中國的協助下。這是出於美國官方的猜測。

自從習近平在二〇一二年成為中共總書記以後，中國的外交政策變得非常兇悍且強勢。

習認為中國是與美國平起平坐的，是世界上兩大超級強國。林小仙說，北京的目標就是要超越美國，不論是經濟上還是軍事上。

而伊朗就在這中間扮演了關鍵角色，它是這個原油豐富地區最仇視美國的國家。在中美漸行漸遠之際，德黑蘭和北京多年來越走越近。儘管聯合國安理會的制裁，中國照樣向伊朗採購原油，還在伊朗建了鐵路。此外中伊兩國軍隊也經常合作。早在二〇一六年就可見中國首度派遣兩艘軍艦前往波斯灣，與伊朗海軍舉行作戰演習。同年，習近平也前往德黑蘭進行正式訪問。

林小仙說，北京政界的中國戰略專家在提到北京和華府關係時，會提到打「伊朗牌」這件事。一旦中美兩大超級大國關係緊繃，或是有一天兩國真的必須起衝突，那中國就能夠打出這張伊朗牌。而北京就能夠輕而易舉地讓伊朗站到它這邊，或許甚至還能跟它建立盟友關係，而這都多虧卡爾・李之前所下的功夫。

第17章 飛彈如雨下

我們正在前往慕尼黑機場的路上。不像往常提早兩個小時，而是四個小時，因為今天下午要從一些經常飛行的人口中的「PITA航廈」登機。所謂的PITA可不是指大家吃的那種口袋麵包皮塔餅，而是英文的pain in the ass（討人厭）。從這個航廈登機要預留很多時間，因為這裡的安檢特別嚴格仔細。

之所以這麼嚴的原因來自德國史上第一樁劫機未遂事件。一九七〇年三名阿拉伯恐怖分子在慕尼黑—里姆機場（München-Riem）想要挾持一架以色列航空（El Al）的飛機。所幸機場三十二歲乘客艾里・凱岑斯坦（Arie Katzenstein）以肉身阻擋手榴彈的爆炸威力，以免它造成更大的傷亡。事件中除了他一人喪生外，還有十一名乘客受傷。因此在一九九二年慕尼黑新機場「法蘭茲・約瑟夫・史特勞斯」（Franz Josef Strauß）開幕時，飛往以色列的班機就有了一個單獨使用的通關區。

前往正式名稱為F航廈的路要經過一條長長的隧道。我們穿過無數自動門，門旁都站著配機關槍和身穿防彈衣的警察全程緊盯我們不放。在行李提領處上方的走廊上，配槍的以色列安管人員四處巡邏。我們等候時各自看著手機上最新關於以色列的新聞。才幾天前，巴勒斯坦武裝民兵朝以色列住宅射擊了飛彈。以色列軍隊因此派出戰機和坦克攻擊激進伊斯蘭組織哈瑪斯。之後雙方停火，問題是能停多久。數十年來雙方互相攻擊，有時是激進巴勒斯坦人攻擊以色列，然後以色列軍隊則回擊加薩走廊或是約旦河西岸地區。

很早之前我們就已經和以色列駐柏林大使館、以色列外交部以及以色列國防部取得聯絡。我們也拜會過以色列駐德大使、以色列外交部女性發言人和以色列國防部發言人；這些人都可能為以色列情報單位效力。以色列各有關單位很會做公關：對於摩薩德的行動，比如像是幾位伊朗科學家被說是死於情報人員之手之類的事，他們總是三緘其口。但如果是聊到敵對國家或組織的活動，比如伊朗、敘利亞或是哈瑪斯時，他們卻很樂意跟我們分享訊息。以色列軍隊早從二〇〇九年起就開了一個推特帳號，在上面以七種語言張貼以色列軍方宣傳部關於成功任務的影片、照片，甚至一些迷因。以色列領事館會開一些只供特定記者和政治人物參與、透露很多內情但規定不得正式引用的會議。我們之前調查別的案子時也曾受邀參加這類會議。其中一次這類會議上，一名大使館工作人員給了我們一份明顯是情報的資料後，對我們眨眨眼就離開會議室。

我們相信如果到以色列去，會最有機會得到卡爾・李的進一步資訊。因為摩薩德早就盯上了這名中國商人。就如上文所述，以色列人和英國人早在二十年前美國還沒開始前，就已經向北京當局抱怨過卡爾．李的事。後來才有摩薩德局長向羅伯．摩根索和紐約州檢察官辦公室提起卡爾．李的事，進而轉交給他關鍵線索。然後從這些美國檢察官這邊轉交相關訊息給中情局。在當時擔任檢察官的亞當．考夫曼的辦公室裡，至今依然掛著一個美國情報單位給他的謝狀：多謝卡爾．李一案相助。

以色列方面的戰略很清楚：只要是對他們有利，他們的情報單位就會定期把情報洩漏出來。而卡爾．李一案就是對他們有利的情形，有關他的報導越多，他就越會進入全球大眾的視野，這樣他就越難藏匿，也越難和與伊朗做生意。

我們登上飛機。行程中排了幾個預定的會議，我們不敢抱太大希望，因為這類調查總是難免如此。我們從過去的經驗中學到一件事，就是如果題材敏感，多數訪談者都不願意在電子郵件或電話中多談，就算是加密也一樣，不管對方是情報人員、律師、政府官員或是以色列官員都一樣。只有親自見面他們才願意談，也因此我們特地飛到以色列一趟。只要我們和關鍵人物面對面坐下來談，一切大概就能迎刃而解。我們衷心希望。

到了特拉維夫後，我們轉向北走，先沿著海岸，然後再轉進內陸，途經拿撒勒和加利利海，這邊的街道穿梭在高聳濃密的落葉林間。當我們在戈蘭高地爬升時，一架軍用直升機在上空盤旋。碉堡、坦克和假坦克從窗外快速飛逝，地雷警告告示和一個白色六角形建築組成的群落也閃過眼前，後者是以色列訓練住宅區作戰的基地。

我們照理應該在小黑門山（Mount Hermonit）山腳下等候，那裡有座悼念第七裝甲旅殉國戰士的紀念碑，該旅在這裡損失了特別多的士兵。今天我們約了以色列軍方代言人強納森．康里克斯（Jonathan Conricus）見面。抵達預定地點後，他立刻從他的車裡出來。他是位個子很高、肌肉發達、握手很有力、眼神銳利且寬下巴的男性，感覺就是個行動派。他旁邊還跟著一名年輕的公關人員叫班．羅斯納（Ben Rosner），在福斯汽車柴油醜聞事件時他就在其紐約辦事處工作。現在他則是在以色列軍隊中負責接待外國記者，同時也協助康里克斯的軍方對外國發言人工作。一旦事情變得棘手，軍方都會派康里克斯到第一線處理。

會這麼倚重康里克斯，因為他本身當過軍人，又見過世面。他兒時在瑞典長大，之後則在以色列陸軍駐加薩走廊部隊服役。「我喜歡有爆炸性、自殺性的事物。」康里克斯有次在接受採訪時這麼說，因此投入陸軍步兵團很適合他。這份工作特別有機會對抗哈瑪斯恐怖分子，並且領導多名專家去炸毀他們的恐怖分子地下通道。

選在一千兩百公尺高處見面是康里克斯的提議。他和身邊顧問群很熟悉這個地形。以色列陸軍幾十年前就在這高處建了崗哨，碉堡有厚重的水泥牆，下方還有壕溝和掩體。康里克斯刻意選用這樣的地方來和我們談伊朗的飛彈威脅。這個崗哨正象徵著以色列這個國家自建國以來所必須面對的攻擊對手。在地上我們看到一根根像是水下通氣管一樣的生鏽小管子，顯示在地底有一座比上方崗哨大很多的軍事掩體。地面上到處是纜線和垃圾。乍看之下會以為以色列人早就棄置了這座崗哨，這可能就是它刻意給人的錯覺。

突然間從下方壕溝出現一名穿著迷彩服的士兵，然後又出現一位，最後總共來了五、六人。他們向康里克斯行軍禮，顯然他們這裡不常有總部來的高層到訪。康里克斯領我們上了一個階梯，這裡有座水泥平台可以眺望四周景致。

西邊天際的太陽正沉入戈蘭高地，讓一切染上紅紅的金色光澤。北方是一座超過兩千八百公尺高的山脈，東方則是一座幾乎沒人居住的大峽谷往東延伸。在這個狹長的地帶上，數十年來衝突不斷。光是我們現在腳下站的這片土地是屬於誰的，就已經爭論不休。對以色列人而言答案很清楚：是他們的。他們在一九六七年的六日戰爭中奪下了戈蘭高地，並在一九八一年將之併入以色列國土。從那時起，敘利亞政府就一再強調要「不計一切手段」奪回這片土地。而對聯合國、歐盟、俄國或中國而言，這塊土地至今依然屬於敘利亞所有。只有美國政府在川普總統任內的二〇一九年承認了該岩石高地屬於以色列領土。聯合國、歐盟和阿拉伯聯盟對美國此舉大加撻伐。

北方那塊顯眼的山脈也和戈蘭高地一樣是高度爭議的領土，那邊矗立著小黑門山的哥哥黑門山（Mount Hermon）。在六日戰爭中，以色列同時也占領並且併吞了其南方斜坡。這個區域因為居高臨下而具有戰略上的重要性，以色列將之命名為「國家之眼」。以色列的軍事情報局可以從那邊遠眺其敵國敘利亞和黎巴嫩，同時在緊鄰地區每到冬天都會有數十萬旅客造訪這以色列唯一的冬季運動勝地。

該山的山頂和東側是由敘利亞軍隊所控制，其西側和北側的大部分地區則是屬於黎巴嫩所有。而過去幾年來，真主黨就一直是從這裡發射飛彈攻擊以色列。在黑門山南向斜坡上則是強納森・康里克斯口中所稱的「阿爾法線」開始之處，也就是以色列的國界，上頭拉了長達一百公里的圍籬保護，一直到約旦邊境。圍籬後頭則可以一窺敘利亞邊境的「布拉沃線」。

這裡打從二〇一四年以來平靜無事，至少表面上如此。「事實上有很多事卻不是眼睛看得到的。」康里克斯道。以色列從這個地點可以聽到並窺視到敘利亞和黎巴嫩兩國，而這兩國也同樣在窺視著以色列。從東南方那狀似沉睡大象的山上，敘利亞最重要的竊聽裝備正在運作。敘利亞人和「其他人」，康里克斯道。他指的是伊朗，該國是敘利亞緊次於俄國最重要的盟邦。

康里克斯指著北方的山脈說：「你看那邊有座高速公路。那是伊朗專用的走私高速公路。」多數車隊從伊朗西邊入境，然後經過一個又一個的檢查站。離開伊朗後再行經伊拉克，穿過敘利亞邊境後進入黎巴嫩。有時候這些車隊也會從大馬士革載著由伊朗航空公司運來的貨出發，載往敘利亞首都。載的貨品全是飛彈、飛彈零件和組裝飛彈的機器。近幾年間，以色列軍機曾經襲擊這類車隊超過兩百次。

這些飛彈都是要運給黎巴嫩真主黨武裝部隊使用的。打從真主黨在一九八〇年代成立以來，其民兵一心一意只有一個目標：對抗以色列。

即使是我們到訪的當下，真主黨軍火庫中也藏有大約十二萬枚的飛彈，康里克斯跟我們解釋道。但這些飛彈主要都是他口中所稱的「傻瓜彈」或者「充數用飛彈」。也就是說這些飛彈的功能就像是除夕煙火一樣，射程都很短，而且只要發射離地後就再也無法改變航道。這樣的飛彈雖有殺傷力，但命中機率卻很低，就跟加薩走廊哈瑪斯的導彈一樣。

但數年來真主黨一直想從德黑蘭政府那邊要到更大型，且最重要是命中率更高的飛彈。而伊朗擁有這種導彈，我們從德黑蘭軍隊在二〇一八年九月八日早上那起讓人震驚的殘忍作為獲得證實。這一天在北伊拉克一個名為科亞（Koya）的城市，一個來自伊朗庫德族的政黨高層正在召開高層會議，他們是為了庫德族少數族群獨立抗爭而流亡伊拉克。沒想到開會時，從東北方離此兩百二十公里外的伊朗境內竟有多顆飛彈升空。在當天早上十點四十五分時，七顆飛彈擊中了該黨的總部。該棟建築近乎全毀，該黨領導人大部分都被炸死或受傷。

這起攻擊事件讓遠在華府和特拉維夫的分析師大為不安。二〇一九年二月在倫敦召開以飛彈防禦為主題的國際會議中，以色列分析師烏茲．魯賓（Uzi Rubin）展示了一系列該起攻擊的衛星空拍畫面。魯賓可以稱得上是以色列飛彈防禦系統之父，在以色列有著英雄般的地位。魯賓以科亞市為例向英國、美國和其他盟邦的與會者指出，伊朗新一代飛彈配置有「定點精確」的導航系統。魯賓因此發出警訊，這讓飛彈的摧毀威力高出數倍。

大家早就知道伊朗正在提升飛彈命中率，但許多專家卻一直認為他們不可能會達成這樣的命中率。自從科亞市的攻擊後，大家就清楚了：伊朗飛彈可以遞送彈頭到數百公里外的目標，讓它命中目標方圓數公尺內的範圍。這都歸功於李方偉的協助，因為根據美國方面的調查，李方偉曾給伊朗運送了數百顆飛彈用的導航零件。

早在二〇一三年以色列軍事情報單位就發現，伊朗打算提供與其結盟的黎巴嫩真主黨精密飛彈。導彈體積有好幾公尺長，因此在運送途中被發現的風險很高。許多載送車隊途中「都遭遇困難」，以色列軍方發言人康里克斯這麼形容。他的意思是：軍方情報單位可以輕易發現其位置，而以色列戰鬥機就可以轟炸載運的車隊。

因此真主黨和伊朗改變了運輸武器的方法，他們開始在黎巴嫩本地生產精密飛彈。從二〇一六年起，他們建了工廠，包括首都貝魯特都設有這類飛彈工廠。他們不再從國外偷渡大型飛彈進來，而是改偷渡控制零件，利用進口的軍備包裹將現有的「傻瓜彈」改裝成精密飛彈。這種軍備包裹裡還裝了陀螺儀，卡爾．李也一再將之大量提供給伊朗。

以色列國防部知道我們在調查李方偉這名神祕中國人。為了此事，幾週來我們一直在和這位軍方發言人聯絡。

現在雙方終於見面了。康里克斯可以一吐為快，把以色列所知卡爾．李的事都告訴我們了。他說的話不能引用，這點我們很清楚。「不具名人士透露」，這類訪問都會這樣寫。而以色列在掌控這類情資一向很內行。

但更讓我們失望的是，康里克斯不肯透露任何有關卡爾．李的事。不管我們怎麼旁敲側擊，再怎麼重申跟他同事說過的話，說基於我們已經調查卡爾．李好幾個月，還得到新的線索，再加上以色列受伊朗飛彈的威脅等等原因，我們希望以色列當局能或多或少提供一些情報細節。

但康里克斯的態度很堅決。「這件事非常敏感，事涉機密情報。」他只肯說這麼多。真的讓人失望。

為了這趟以色列行我們事前計畫了好幾個禮拜，前後和以色列外館、以色列外交部，和好幾個單位的發言人交過手，換來的卻是大老遠跑來戈蘭高地，對卡爾．李的事卻一無所得。

康里克斯表示，以色列對於伊朗軍備運送管道所知多少，他們不願透露。他唯一能說的是：「我們有注意他是從何購得零件，又是誰提供給他們的。」凡是對以色列構成威脅的都逃不過他們的法眼。不管躲到哪裡都一樣。

第18章
以色列四面楚歌

「獵鷹」打開了門。前以色列軍方將領雅可夫・阿米德羅爾（Yaakov Amidror）素以脾氣暴躁和果斷堅決聞名，但在我們眼前這位，卻是頂著白色大鬍子滿臉慈祥笑容的老先生。阿米德羅爾信仰非常虔誠，頭上戴著猶太小圓帽，招呼我們進屋裡，他家位於特拉維夫北方。我們在拜訪以色列大使館時，有人說不妨跟他一談或許會有所收獲。所以我們就這樣在阿米德羅爾滿是古董的客廳坐了下來。

阿米德羅爾和日後成為以色列總理的班傑明・納坦雅胡（Benjamin Netanyahu）早在一九六〇年代末在軍中服役時就認識。阿米德羅爾當時是傘兵，六日戰爭中在加薩走廊和戈蘭高地作戰。之後的軍旅生涯平步青雲，成為以色列軍情局分析部門的負責人。

二〇一一年納坦雅胡任命阿米德羅爾為以色列國安顧問及國安會主席，此舉造成以色列政界左派強烈反彈。不滿阿米德羅爾的人在一封公開信中指責他的任命「非常危險」。在他被任命前幾年，他曾一再指責以色列政府二〇〇五年從加薩走廊的撤軍是錯誤，並主張以國應再次入侵該巴勒斯坦人占領區。他講的話經常成為新聞頭條，也成為如今反對他的人的話柄：像是沒有信仰的猶太人無異於不會講希伯來語的猶太人，還有像是不敢上前線的士兵應該一槍斃了之類的話。他擔任國安會會長期間，成為以色列與華府之間在以色列核武計畫上的溝通橋梁。果然他就任不久，反對者的恐懼就成真了。有次以色列外交官會議，他當面斥責一名大使對以色列政府屯墾政策的意見：以色列大使應該代表以色列政府的立場，不能的話就該辭職去參選從政。

另外還有件事雖然聽來不合理，但是我們卻抱持樂觀態度。那就是以阿米德羅爾的過往來看，他應該對卡爾．李一案相當熟悉，應該有想要跟我們一談的動機。我們想從他那裡多知道一些關於以色列在這案子中的角色：以國當局第一次注意到卡爾．李是什麼時候？以色列是怎麼會決定要告知紐約州檢察官辦公室卡爾．李的事的？還有他或許知道以色列當局所掌握的卡爾．李最新行動。

上述這些問題，在真的見面之前絕對問不得，問的話真的太白目了。如果有這種可能不好開口的話題，見面前就問可能會讓對方不願意和你見面。

我們的策略因此是：慢慢引導對話朝我們要問的問題發展。

於是現在阿米德羅爾坐在我們面前，話題一聊到德黑蘭，他的臉就沉了下來。目前，他向我們解釋，正有人想要讓以色列「四面楚歌」。躲在幕後的人是誰很清楚：「除了伊朗還是伊朗，沒有別人。」而它是透過在整個中東的盟友和代理軍隊在做這件事。

在以色列北邊邊境的黎巴嫩真主黨其實就是「德黑蘭政府的長臂」，而且他們還配備了最佳的武器系統。同時在敘利亞出現了一支配備了飛彈的「伊朗戰爭機器」。除此之外還有伊拉克境內的民兵組織、葉門的青年運動、加薩走廊的哈瑪斯和伊斯蘭聖戰組織等。他們全都是伊朗支持的，也部分受伊朗控制。他們都是伊朗為了要圍堵孤立以色列所做的措施，目的就是有一天要四面八方、盡可能地對以色列發動持續攻擊，給予以色列致命的一擊。

阿米德羅爾稱其為四面楚歌，這些將以色列團團圍繞的敵軍，到目前為止手中所擁有的都是些前面提到過的「傻瓜」彈，也就是精準度不高的飛彈。所以只要它們不在同時間數百枚齊發，以色列的「鐵穹」都可以攔截下來，阿米德羅爾道。鐵穹是以色列的飛彈防禦系統，近年來這套防禦系統曾救了許多以色列人民的性命。但是代價很高：根據猜測，攔截飛彈的造價在兩萬到十萬美金之間。所以想攔截成千上萬枚飛彈是財力上做不到的事，阿米德羅爾這麼對我們說。

還不只這樣：伊朗和其友軍的飛彈據阿米德羅爾所言，現在變得更精準了。他們有部分飛彈現在已經可以擊中目標數公尺內範圍。對於以色列這樣關鍵基礎設施並不是很普及的小國，被這類飛彈擊中會很致命。一顆精準的飛彈若擊中位於特拉維夫市中心的國防部暨各軍種總部，那就會重創以國，阿米德羅爾道。

而敵人早就已經用精準的飛彈相準了以色列這些目標。真主黨有次就在一支YouTube附了希伯來文字幕，並配上軍歌背景音樂的影片中秀出標有座標的衛星畫面：包括以色列軍事總部、幾座空軍基地、一座煉油廠以及以色列在狄莫納的核子反應爐。另一支二〇一六年的影片中，真主黨領袖哈山・納斯拉勒（Hassan Nasrallah）則說黎巴嫩早就擁有「一枚核彈」。這雖然不是真正合格的核彈，但它鎖定以色列北方城市海法港口一座氨儲存槽，一旦對其發射飛彈攻擊，其殺傷力就等同一顆核彈頭爆炸。

阿米德羅爾將軍在自家客廳中越說越生氣。他的生日剛好就在以色列宣布獨立後一天，等於他一輩子都一再看到祖國遭遇威脅。多少年來，全球各國無所作為地看著伊朗發展出越來越精良的飛彈，還將之分配給以色列的敵人。阿米德羅爾說，聯合國、歐盟以及德國坐視真主黨飛彈存放在黎巴嫩的住宅區，即使此舉危及平民也未加干預。但要是以色列出於防衛而摧毀這些飛彈所在地，因此造成黎巴嫩人民死傷呢？「這時歐盟和聯合國就會譴責以色列了。」阿米德羅爾痛罵道。他這番話當時給我們的感覺就好像是他一直在等這一刻的到來，一群德國記者來到他家客廳，聽他好好責備他們一番。德國在擔任聯合國安理會成員時期做過什麼？他大罵。德國有對這些國家採取什麼手段干預過嗎？「去問問你們在聯合國的代表，」他催促我們，然後變得更大聲：「他們什麼都沒做。」

「我們誰也信不過。」阿米德羅爾道。以色列只能把命運抓在自己手上。「這才顯得我們建國先人的賢明，他們當時就說：以色列必須用自己的武力保衛自己。」

我們心想，現在會不會是把話題導到卡爾．李身上的好時機。阿米德羅爾現在講話完全沒有遮掩，果斷又直接。因此我們慢慢把話題帶向卡爾．李做為伊朗武器提供者角色這邊。可是這麼一來，我們訪談的人突然變成只會回答是或不是了。竟然在講到這麼一個是由以色列刻意讓美國司法單位盯上的人時，他不再說話了。一個字也不肯多說。

這著實大出我們意料之外，同時也立刻陷入跟前一天在戈蘭高地時一樣的挫折感。短暫休息後，我們又試著旁敲側擊，用比較不直接的問題再問。但阿米德羅爾依然堅守防線，明明曾經當過情報單位分析部門領導人的他，卻丟了一個很扯的理由給我們：他很遺憾自己不是很會記別人的姓名。

這簡直就像是在閃避話題，而且很可能的確是如此。但這推論我們當然無從證實起。這次訪談真是讓人失望，很遺憾的是，還不是我們唯一一次。

隔天我們在辦公大樓、咖啡廳和幾個餐廳拜會了幾位以色列情報單位高層和諜報專家。其中包括了前摩薩德分析部門的女性主管西瑪．席奈（Sima Shine）。她在二〇〇三到二〇〇七年間擔任此職，剛好就是在這段期間以色列情報單位注意到了卡爾．李，而讓美國政府對他祭出了制裁，而以色列政府於是出手干預北京的行動。但我們跟她提起卡爾．李時，她卻一副像是第一次聽到這個中國人的名字一樣。我們還拜會了塔爾．殷巴（Tal Inbar），以國最知名的飛彈專家，據說和摩薩德關係最好的人。我們覺得在提及卡爾．李這名字時，他臉上似乎揚起一絲得意的笑容。但當我們追問時，他卻左閃右躲。至少我們有幾名採訪對象透露出他知道我們在說誰。他們聽到卡爾．李的名字時，表示知情的反應從點點頭到挑動眉毛，乃至飆髒話痛罵這名中國商人。他是個「渾蛋」，一名摩薩德前主管這麼對我們說。

但很奇怪，卻沒有人願意公開談論。國防部、摩薩德全都三緘其口。不管我們再怎麼旁敲側擊，再怎麼追問，再怎麼拜託，就是什麼都問不出來。

通常問到伊朗的事，以色列官方是不會這麼有所保留。以色列在位多年的總理「比比」．納坦雅胡更是只要逮到機會，一定會好好痛罵德黑蘭政府。二〇一二年他在聯合國大會致詞中抽出一張漫畫式的字卡，上頭畫著一顆炸彈，炸彈中間用粗麥克筆畫上一條「紅線」，過了那條紅線，以色列就會對伊朗發動攻擊。數年後，他又在慕尼黑安全會議上揮舞一片據稱是被以軍擊落的伊朗無人機殘骸。他的批評者總是嘲諷這是「比比秀」，意指他很愛作秀，但沒有人會覺得他在開玩笑。

二〇一八年四月，他對全世界宣告伊朗發生一樁政變事件。這樁號稱是摩薩德有史以來最大膽的事件中，據說以色列情報員從伊朗偷走了五萬五千頁的祕密文件。

以色列的外國情報單位主要靠著監聽電話和攔截電子郵件，在這之前得知伊朗將其所有關於核武計畫的文件全都儲存在一個中心地帶，這是為了避免被定期到伊朗調查的國際能源總署的調查員找到。知道其藏匿地點的人據說十根手指數得出來，其中也包括最高領袖阿里・哈米尼。但卻被摩薩德給找到了。

因此就在二〇一八年一月三十一日早晨，多名以色列幹員滲透到德黑蘭郊區一處不起眼的倉庫。他們獲得充分的情報，顯然是有內應事先說得很清楚，所以他們知道要找什麼：共有三十二箱保險櫃，裡頭滿滿的文件和光碟。有幾個保險櫃以色列幹員打不開，但其他保險櫃（據《紐約時報》日後重建）在火燄噴槍下不用多久就融化了。從打開的結果看得出來，伊朗人似乎特別鍾愛黑色檔案匣，因為一些特別敏感的資料都用黑色歸檔。在開了兩個小時的保險櫃後，以色列幹員弄出了半噸重的文件和一百六十三張光碟。

目的達到。任務完成。

回到以色列後，獵獲之物經過專家的翻譯、分析和解碼。二〇一八年四月三十日納坦雅胡召開記者會，先展示一整櫃奪取而來的檔案，然後又展示一整面牆的光碟。「伊朗在說謊」，在納坦雅胡說明的同時，在他身後的大螢幕上這麼寫道。據他所述，這些以色列所發現的文件證明了伊朗從沒有放棄過興建核武的計畫。不同於此前大家所認為的，伊朗的核武計畫並未在二〇〇三年終止，反而慢慢地、祕密地在進行中。推動這個計畫的主力是一位名叫莫森・法克里薩德（Mohsen Fakhrizadeh）的男性。請牢牢記住這個名字，以色列總理納坦雅胡這麼提醒在場的聽眾。

德黑蘭政府在巴基斯坦和其他國家來的專家協助下，正在計畫建造一顆核彈，也成功打造了其必須的零件，也已經成功試爆。目的：打造出五顆威力等同廣島原爆的核彈頭，但體積要小上許多。因為這些核彈頭要能夠由流星三型的導彈搭載。

講到這裡納坦雅胡暫停了一下。「有件事我想不用我來提醒各位，那就是伊朗飛彈的射程正在不斷提升。」流星三型飛彈至少能夠飛一千公里，而賈德 1H 型（Ghadr 1H）飛彈射程更達一千六百五十公里，賈德 1F 型飛彈甚至可以飛一千九百五十公里遠。

他指向螢幕上一顆流星三型飛彈說：「這枚可以打到利雅德。」然後又指著螢幕上的賈德 1H 型說：「特拉維夫」，最後指著賈德 1F 型，有著最大射程的一型，說：「莫斯科」。而伊朗目前還在研發射程更遠的飛彈。

據我們所知，那位我們花了好幾個月在調查的人，就可能在其中扮演重要角色。

以色列當局居然會公開祕密資料，這太不尋常，納坦雅胡還向全世界做投影簡報，之後還允許幾位記者詳閱資料。就連在慕尼黑的我們也看到了其中的十幾頁，文件中伊朗專家姓名都完整揭露沒被塗抹，也看到據稱是生產飛彈基地和藍圖的照片。但偏偏最關鍵那名，為伊朗提供飛彈原料的人物李方偉，以色列卻是隻字未提。

為什麼會這樣？

回返德國後，我們去電消息來源，把報導寄給他們，並請他們推測原因。果然就得到一個非常可信的推論，解釋為什麼以色列方面沒有半個人願意提到卡爾．李。他們的推論是：不僅僅是因為這涉及一樁還在進行的行動，更重要的是，以色列不願意和中國撕破臉！說老實話：沒辦法和中國撕破臉！

大家只要稍微想一下就不難理解這個推論：大家都知道中國多年來一直在擴大其影響範圍，不只在亞洲、非洲、拉丁美洲、中東，同時也在近東地區，包含以色列在內。對特拉維夫而言，中國是僅次於美國的全球第二大貿易夥伴。雖然中國同時也是伊朗第一大石油採購國，而且還和伊朗有協議要在未來二十五年間繼續合作，但這遠東地區的超級大國卻是以色列得罪不起的。中國不僅不是以色列的敵人，還是重要的合作夥伴，跟中國什麼都好談，最好不要得罪。

中以這種關係從幾年前在以色列引起軒然大波的「中國銀行事件」尤其表現得很清楚。該事件我們特別感興趣的原因在於，跟卡爾．李事件有很多相似處。

中國銀行事件開始於公元兩千年初，正好也是李方偉這名中國軍火商被各國情報單位注意到的同一時期。當時以色列專家就發現，中國銀行（中國四大國營行庫之一）在資助巴勒斯坦恐怖組織上扮演了重要角色。以色列調查員發現，伊朗和敘利亞匯出的資金會透過中國銀行，一方面流向哈瑪斯，一方面流向伊斯蘭聖戰組織。當時正是「第二次巴勒斯坦起義」時期，以色列才剛因為一連串恐怖的自殺炸彈行動搞得舉國大亂。

以色列有什麼對策？祕密情報人員於是在二〇〇五年前往中國執行官方任務。《紐約時報》稍後報導，行李中帶了被他們偵測到進行可疑轉匯交易的銀行帳戶和數據。此行目的是要請中方合作，幫忙阻止這些交易。

這些交易的模式和卡爾．李的做法如出一轍。以色列在這兩個案子上都最先走訪北京，就和維基解密電文中所提到的卡爾．李案一樣。然而這兩個案子北京都給以色列碰了一鼻子灰。

特拉維夫政府於是決定要轉個彎找美國。卡爾．李的問題找上了羅伯．摩根索和他手底下的州檢察官辦公室。在中國銀行的案子上則繞了個大彎，透過一樁死亡慘劇而讓美國承接了下來。二〇〇六年四月十七日，一名自殺炸彈客在一家特拉維夫的沙威瑪餐廳入口處引爆了腰間的炸彈。這是第二次巴勒斯坦起義中最嚴重的攻擊事件：十一人死亡，七十人受傷。死者當中包括了十六歲的佛羅里達青年，他是陪著家人前來以色列過猶太逾越節的，這是每年猶太慶典中最重要的節日。

他的過世涉及美國公民之死，讓美國可以用資助恐怖行動為由對中國銀行採取行動。中國銀行在美國開設了多家分行。《紐約時報》報導，以色列政府催促死者的父母對中國銀行提起訴訟。美國政府官員並向死者家屬保證，一定會提供涉案證據和關鍵證人：一位前一年曾經參與過中國任務的前摩薩德以色列情報員。

死去美國青年的父母決定要配合，同樣做此決定的還有另外二十位在這樁恐怖攻擊中失去親人的以色列和美國受害者家屬。於是「堪稱史上最重大資助恐怖行動案件」就在全球金融首都的紐約成案調查，《耶路撒冷郵報》（*Jerusalem Post*）這麼寫到。

事件卻出現了讓人意外的轉折。

二〇一三年以色列總理納坦雅胡計畫了一次重要的出訪行程，他要前往中國，行程中將會拜會中國新任國家主席習近平，並與習簽訂貿易合作協議。這趟冠蓋雲集的出訪行程差點就要胎死腹中，因為中方突然之間提出了一個前提，讓以色列在與中方建立更緊密關係前處理：以色列政府不能支持對中國銀行涉及資助恐怖行動的訴訟案。

他的訪華行程如期進行。北京政府在二〇一三年五月接待了以色列總理、他家人和一個龐大的經貿代表團，整個過程雙方一團和氣，其樂融融。

對於前摩薩德幹員烏齊・沙亞（Uzi Shaya）而言，他原打算要用供詞幫助那次恐怖攻擊中的受難者，卻因為以色列政府這一轉變讓他無所適從。因為之後就有人向他下達命令，要他對此案不得多說。之後他更被反覆叮囑，並且刻意向他強調，方法是將他拘留在警局長達數個小時。以色列政府後來更完全不許他出庭作證，給他的原因是「基於國家安全」。

以色列政府因此遭到忿怒指控，指控來自罹難者協會和罹難者家屬、新聞和美國人民。以色列政府屈從於中國的要求，向經貿壓力低頭，還掩護伊朗。以色列政府背叛了恐怖行動的受害者，也背叛了美國這個最緊密的戰略夥伴：美國和以色列共同對抗恐怖主義，也共同對抗新崛起的中國。

美國方面在紐約對中國銀行提起的訴訟案在九年後的二〇一五年被撤銷，原因是證人不足。整件事在以色列竟全無人提起，一點也不教人感到詫異。自從納坦雅胡那五天的中國行之後，中以兩國的貿易快速成長。中華人民共和國的公司紛紛插旗以色列的電廠，參與以色列蓬勃的新創產業。中國公司還在海法港建了全新的貨櫃港，更花了很長的時間投標特拉維夫一條全新路線地鐵的承包案。北京當局正不為人知、靜悄悄地承包了以色列境內重要的基礎工程，許多國安專家都提出警告。

在這些由中國承造的海港設備上，中國可以安裝監控器材藉以監看船隻動態，這點讓美方特別感到憂慮。因為美國有六支艦隊會定期停泊在海法港，而以色列自己的核潛艦也停在這裡。對於中國正打算投標特拉維夫地鐵一事，批評者則擔憂若中國得標，會被中國安裝監聽系統。這條地鐵可是會直接經過以色列國防部總部和國家安全局辛貝特（Shin Bet）。

因此到頭來這件事我們得到的結論是，以色列選擇了不要正面和中國起衝突，而這也包括卡爾·李。我們在和以色列一些國安專家和情報專家談過後，終於能夠瞭解。和中國的關係對以色列太重要也太敏感了，而以色列已經變得太依賴中國這個在亞洲的新合作夥伴。

第19章

面見中國外長

二〇二〇年二月一個上午，警用直升機在天空盤旋，數千名配備重裝武器的警力就定位，屋頂上都站好了狙擊手。整座城市就跟往年這時候一樣處於高度警戒，因為正在舉行慕尼黑安全會議。

黑頭禮車車隊一路從機場喧囂而來。這些車一輛接著一輛都停在了巴伐利亞飯店前的警戒區，地點位於慕尼黑舊城區，距離瑪麗亞廣場（Marienplatz）不遠。各國總統和閣員一一下了防彈車，情報單位首長、高階軍官和軍火工業代表隨伺在側。多年來這個會議已經成為各國國安政策交流之地。

一九六三年全球政治人物首度在這裡聚首，共同就戰爭和危機（至少就官方解讀是如此）商談防範之法。當時該會議還帶有濃厚軍事色彩，被稱為「防禦科學會議」，這是由前二戰德國軍官日後轉任反抗納粹戰士艾瓦德—海因里希・封・克萊斯特—許門津（Ewald-Heinrich von Kleist-Schmenzing）所發起。一開始只有寥寥數十位政治家和外交官，像是亨利・季辛吉（Henry Kissinger）和赫爾穆特．施密特（Helmut Schmidt）與會。今天卻有超過五百位與會者為參加「慕尼黑安全會議」遠道前來，共同參與討論、辯論和溝通。

這不是我們第一次以記者身分參加這個會議了，但每年參加都覺得像是世界政局最瘋狂夢想的實現。各國元首政要、阿拉伯國家酋長和君王領著其各自的代表團穿過巴伐利亞飯店蜿蜒的走道。戴著耳機的保鑣在前開道，夾道所見盡是億萬富翁、企業高層和戰功彪炳的軍官。

臉書執行長祖克柏、美國國務卿龐佩歐和烏克蘭總統澤連斯基三人以快到不行的速度走過我們前面。時任美國眾議院議長的南西．裴洛西以及金融巨擘喬治．索羅斯也接連消失在走廊上，緊接著出現的則是俄羅斯外長謝爾蓋．拉夫羅夫（Sergej Lawrow）。

在舞會廳偌大舞台上，今年的議題是西方影響力的勢微。不過會議中真正更重要的部分可能都是在鎖上的門後進行：在後面和旁邊的幾個房間裡，各國政要、外長和國安顧問們，還包括敵對陣營的人，他們會以非官方、不按常規的方式交談。就連美國和伊朗近幾年來也據說都是用這方式在這邊進行會談。

另一方面，在同一個週末，這家飯店中還有其他事情正在背後進行。一些代表團或智庫團體分別邀請少數挑選的記者、政治人物或是國安顧問前往座談。通常會中的主張和訊息事後都會在媒體上看到，比如，三名美國高級官員在所有德國主要媒體的記者前提出警告，在興建新的 5G 行動通訊時要留心中國企業華為。該公司有可能會執行北京領導人的任務，盜竊智慧財產權，並暗中破壞網路，為中國情報組織搜集數據，這三位美方官員這麼說。中國的間諜在國外非常活躍，美國就有八成的商業間諜案有中國人涉入。

說這些話的美國高級官員是約翰．德默斯（John Demers）。身為德國記者，一般情況下是完全不可能跟他對上話的。他的身分是美國副檢察總長，執掌美國國家安全。但在這場慕尼黑安全會議上，我們卻可以和他暢所欲言。關於中國的議題，我們等到他的會議結束後問他，到底卡爾．李是怎麼回事？為什麼他能夠到現在還逍遙法外？

德默斯聞言笑了。「因為我們就是找不到他人啊。」他答。妄自派中情局前往中國將他逮捕歸案完全不在選項之內，因此美國主管機關只能夠守株待兔，比如說等到哪天卡爾．李搭乘的班機緊急降落在哪個和美國有司法合作的國家。

這話答得很誠懇，抑或只是表面上的誠懇？但也說明了，要說美國每位高階國安專家對卡爾．李這人都早有耳聞，顯然也不是什麼太值得訝異的事。

這個週末我們也和武器管制專家、飛彈專家對談，還和研究中國在近東日漸增強影響的科學家對談。不過我們來這會議真正的原因是王毅。這位中國外長應該會在這個週六的十一點四十五分來到主舞台演講，希望在那之前或之後，我們也能和他一談。

自從二〇〇〇年代中葉起，美國外交人員就一再向中國外交部提起卡爾．李的事。他們一而再、再而三地請求中方阻止李方偉的生意。但這十五年來，中方總是讓美方無功而返。美方譴責北京政府保護卡爾・李的作為，不僅違反國際武器禁運條款，也違反它自己也同意的聯合國制裁伊朗協議。

美方的指控炮火猛烈，但中國領導人怎麼說呢？從事新聞工作一個重要原則就是法庭上「莫聽單方之言」（*audiatur et altera pars*），這句話的意思就是「要聽聽另一造的說法」。在新聞採訪上意味著：當我們要指控某人時，那要給被指控者機會表達他對指控的意見。因此在慕尼黑安全會議前，我們就先行正式致函中國駐柏林使館，請他們在安全會議上為我們安排採訪中國外長的機會。但我們連一個拒絕的回覆都沒有收到。

但我們還是想把握這次機會向中國外長直接請教卡爾・李的事，而且要在鏡頭前，因為就在我們撰寫此書的同時，也正在拍攝一部電視紀錄片。雖然我們猜測他可能會讓我們碰一鼻子灰，這情形在我們採訪德國政治人物時也經常出現。王毅有何必要在這種可能會讓中國特別難看的事情上表達意見呢？但要是有那麼一絲機會能夠當面正式質問中國關於卡爾・李的事，那就是現在，在慕尼黑安全會議上。

採訪前一天我們先擬好到飯店會場後的計畫，也先調查好中國外長進出大廳的動線，找出警察和安全人員的看守漏洞。他們的車隊何時抵達，會在哪裡下車？中國外長會走哪條路線步上舞台？又可能走哪幾條路線離開大廳？

負責提問的同事事先擬好我們想要問的問題。王毅過去曾是華盛頓喬治城大學的訪問學者，所以他的英文能力應該可以聽得懂我們的問題：比如為什麼中國不阻止化名卡爾．李的李方偉？為什麼中國政府放任這名軍火商？

我們在門廳等候著。就在主舞台上，法國總統馬克宏抱怨著西方積弱不振時，奧地利前總理塞巴斯提安．庫爾茨（**Sebastian Kurz**）像陣風一樣閃過我們身後。每有車隊經過，我們的心跳就跟著加快。入口處一群提著行李箱的人和安全人員簇擁而至，鏡頭全指向門前禮車。

不知何時一輛車的車門開了，而那一刻到了。王毅下了車，穿過人群，接著就踩著政治人物般的步伐踏進門廳來。他的脖子上圍著一條深紅色的圍巾。他的助理不需人提醒就自動去取外長的圍巾，王毅則不發一語地正視前方，一邊走一邊脫下外套。有時權力就展現在這一舉手一投足的小動作中。

在王毅演講時，我們來到舞台邊站定位，正確來說是在講台左前方角落。我們事前調查的結果顯示，不管他要走兩邊大門的哪一邊出去，演講後他一定會經過這裡。

王毅是以中文進行演講。他談到名為新冠的新種病毒，又談到他就跟二〇二〇年二月在場的大家一樣，不知道未來世界會變成什麼樣。這場全球疫情離真正結束還有很長一段路要走。

這時中國代表團成員開始朝我們這邊打量，我們不禁不安了起來，然後他們就開始唸出我們證件上的名字。他們互相討論、又打了電話，我們看到其中一人小心翼翼地指向舞台另一邊的那扇門。那邊通往廚房，我們就知道這麼多。萬一那邊有一道後門出口，那我們要怎麼辦？我們會不會站錯了邊？

在王毅那充滿節奏感和抑揚頓挫的中文響徹大廳時，我們幾個人偷偷溜到大廳另一邊。二十多分鐘後，演講結束的掌聲響起。接下來的事情進行得好快。外長和其隨扈就從廚房門口消失了。我們則緊隨在後，中間經過了那些張大眼睛不知所措的侍者和安全人員，然後走進隔壁大廳去。外長王毅在那邊和不同的人握手。說時遲哪時快，我們一名同事趁機跟了過去，直接向他問起了李方偉的事。王毅讓口譯員為他翻譯，搖搖頭後以中文回答。「這些指控全無根據。」他的口譯員這麼向我們翻譯。然後王毅拍拍我們那位同事的肩膀，帶著笑容離去。

就只換來一句話，卻已經比我們對這一天的期待還要多了。中國外長否認了美國對於卡爾．李案的指控。更有意思的是，在我們同事提到李方偉這名字時，他立刻就知道我們在說什麼。

來到飯店外，王毅上了他的禮車。就在車門關上那一刻，他的笑容消失了。從車窗反射中我們瞥見他的臉上表情。他眼神冷冽地對著一旁的同仁說了些話，看來是動了怒。然後車隊揚長而去。

不久後我們其中一人的手機收到會議主辦方的簡訊，緊急請該同事過去一趟。該同事剛剛在廚房對中國外長有點過分了些。

第20章

川普的一步死棋

二〇二〇年慕尼黑安全會議的頭條出現在世界各地，報導都側重一個主題：華府與北京的敵對關係。美國總統川普派了兩名最重要的內閣成員與會，國務卿龐佩歐和國防部長馬克·艾斯培（Mark Esper），兩人共同傳遞同一個訊息：美國和西方世界當前最大的威脅是中國。

歐洲和美國在冷戰結束後二十五年時間裡，一直深信「貿易能帶來改變」這個方案：在貿易上開放的中國，政治上不可避免會跟進，帶來出版自由和司法獨立。然後當然也會帶動網際網路這個全世界沒有任何國家可以控制的領域。有很長一段時間大家都以為會是這樣。二〇〇一年中國獲准進入世貿組織，同一年把二〇〇八夏季奧運的主辦權給了北京，預先給了它很多甜頭。

但中國卻不照大家預想的發展。最遲從習近平在二〇一二年成為中共中央總書記，又在二〇一三年初被指派成為國家最高領導人以後，中國變得一年比一年封閉。因為害怕失去權力，習近平和其心腹煽動中國的民族主義，要人民將美國和腐敗的西方國家視為死敵。新一波的冷戰於是再度燃起。

來自華府的貴客也持這個看法。歐洲這邊較多談到的是俄國的挑戰，美國國防部長艾斯培在演講一開始時這麼說，他的演講早中國外長王毅兩個小時。但這個早上他要聚焦在中國，這個被五角大廈視為最大隱憂的國家。在習近平的帶領下，中國共產黨朝向錯誤方向的速度比過去還要快，國內的壓迫更嚴重，經濟上也更弱肉強食，最讓他擔憂的則是更強悍的軍事姿態。國際社會現在該覺醒了，艾斯培這麼呼籲在場來賓。「我們雖然常懷疑北京當局的透明度和誠信，」他說，「但談到國防目的時，中國政府的話卻絕對應該當真。」到二〇三五年時中國要完成軍事現代化，到二〇四九年時中國要主宰亞洲，成為無人能出其右的全球最大軍事強權。

中美正走在正面衝突的道路上。

下午稍晚時，外頭天光漸暗，站在巴伐利亞飯店屋頂花園會客廳講台上的是位年紀較長，穿著米色西裝和黑色運動鞋的先生。他是哈佛教授格雷厄姆．艾利森（Graham Allison），前美國政府顧問，一位著作經常被人引用的政治學者。不管在華府還是北京，若想瞭解對方動機，他的意見都深受重視。艾利森寫過一本探討兩國關係的書，今天他就要在慕尼黑安全會議上發表。該書的書名是《注定一戰》，沒有加問號。

艾利森身邊坐著一名被許多美國人視為英雄崇拜的對象，前中情局局長、四星上將大衛·裴卓斯（David Petraeus），在上次伊拉克戰爭中他扮演了決定性的角色。在擔任會議主持人時，裴卓斯在十多位觀眾面前質疑了艾利森教授的看法，這時外頭慕尼黑舊城區的天際線正悄悄消失在夜色中。

凡是想要瞭解二十一世紀美中關係的人，都應回溯到古代歷史去瞧瞧，格雷厄姆·艾利森這麼建議道。地位穩固的超級強國美國和正在急起直追的超級強國中國之間的角力，讓人想起了公元前五世紀伯羅奔尼撒戰爭前的那個階段，這場戰爭將古希臘夷為平地，古希臘史家修昔底德這麼提及這段歷史：「是雅典的崛起和斯巴達對其的恐懼造成了一場無可避免的戰爭。」艾利森因此稱凡是這種既有強權遭遇後起威脅的情形為「修昔底德陷阱」。

艾利森為此書在歷史中尋找這類衝突的前例。在過去五百年中找到十六個例子，而他分析的結果讓人樂觀不起來。其中十二個類似歷史案例後來都發生了戰爭，雖然大部分情形都不是肇因於涉戰強權意圖如此，但卻都因為小小一樁意外而讓事件走上不斷升高的道路，而原因都是因為其中一邊覺得自己不能示弱，造成另一邊也不得不跟著有所回應。這十二例中最讓生靈塗炭的一例則是第一次世界大戰，起因是奧地利皇位繼承人在薩拉耶佛遇刺。據艾利森的研究，一開始這個事件根本連倫敦或紐約新聞頭條都未加以報導，但在暗殺事件後不到五週的時間，整個歐洲的強權國家全都捲入戰火之中，最後更造成一千七百萬人為此喪命。

美國和中國也會走上這條路嗎？一個小小誤會引發的衝突，像是網路攻擊或是南中國海（南海）兩艘軍艦的意外事件，因此引發毀天滅地的戰火？這樣的戰爭不管北京或是華府都不想看到，因為雙方都很清楚，兩個核武大國正面衝撞會帶來的災難。

儘管川普這人不愛讀書，他的白宮同事卻對艾利森這個讓人膽顫心驚的研究不陌生。早在川普總統任期初期，白宮就已經邀請艾利森前往白宮向國家安全局同仁分享他的研究。至於美國政府聽了他的研究後是否會得出正確的結論，則是另一個問題。川普在二〇一八年對中國祭出懲罰性關稅。加拿大則逮捕了中國網路供應商華為首席財務長，罪名是據稱該公司罔顧對伊朗的貿易制裁，依然與伊朗進行交易。川普的外交官員（一如在慕尼黑安全會議時的表現）對其友邦施壓，要他們不要讓中國公司承造其國內無線電信網路。同一時間川普又派了軍艦前往南中國海，也派了軍事專家前往台灣協訓。川普政權不僅沒有想辦法緩解緊張情勢，反而充分把握每個機會提高對北京的施壓。

而卡爾·李一案正合其胃口。也難怪在歐巴馬任內原本一閃即逝的卡爾·李案，又被川普的外交政策人員重新提起。二〇一八年十一月再度提起此事的人是國務院大規模毀滅性武器防擴散國務助卿克里斯多福·福特（Christopher Ford），他在國務院接替湯瑪士·康垂曼的工作：在一次保守派智庫華盛頓美國傳統基金會活動中，他指出李方偉一直持續在支持伊朗發展飛彈的工作。卡爾·李在事業上一路都在提供伊朗零件，協助他們發展出命中率更高和射程更遠的飛彈。那次演講美國國務院也節錄部分放在推特上分享，影片中他指責中國政府沒有採取有效手段制止卡爾．李的行動。

這既是譴責也是指控。說精確一點，應該說是指控的前奏曲。早在二〇一九年一月，美國國務院已經公開照片，顯示在北京舉行的五大正式擁核國會議前，各國外交高層就已經先行見面。這些照片意在挑戰北京的說法：「國務卿湯普森和其他擁核國在北京的會談中呼籲中國伸出援手，將李方偉（化名卡爾．李）繩之以法。」接著則是指控的第二部：「伊朗對李方偉高度依賴，李自從公元兩千年初就持續支持伊朗軍備計畫。李為伊朗弄到其彈道飛彈所需大部分原料和器材。」聯邦調查局正在進一步尋找機會，想將其繩之以法。

接著美方又對卡爾．李、他的公司、整個企業或分公司都祭出新的制裁。制裁名單上的公司全部無法再以美元交易，而美國企業也被禁止和這些公司做生意。但這些做法卻幾乎沒有發揮作用，因為川普政府在那幾個月頒布了多項制裁行動，包括對敘利亞、古巴、俄國、北韓和委內瑞拉等國的制裁。因為制裁太多了，被專家說根本就是「無差別轟炸」。美國記者也因為被一連串國際制裁疲勞轟炸變得麻木，導致新聞報導對一些新實施的制裁都只放在不重要的版面上草草帶過。

但白宮希望卡爾．李一案能得到媒體全面的關注。對於美方制裁這名中國軍火商的事，最好越多人知道越好。因此川普的白宮官員採取了一個很不尋常的做法，他們邀了極富聲望的新聞記者傑夫・史坦（Jeff Stein）前往白宮談美國情報單位之事。傑夫・史坦過去也曾擔任軍方情報員，在越戰服役時戰功彪炳，戰後則進入《華盛頓郵報》服務。直到現在他都是美國退役情報官員協會（Association of Former Intelligence Officers）的成員。接到白宮電話時史坦已經七十五高齡，是《新聞周刊》（*Newsweek*）專門談特務情報主題的專欄「間諜漫談」（Spytalk）的專欄作家。

「他們主動和我聯絡，邀我前去接受採訪，」史坦回憶道，「這很不尋常。」因為一般而言都是他主動要求別人接受採訪，而不是別人要求他接受採訪。白宮旁的艾森豪行政辦公大樓正是五年前歐巴馬總統任內美國政府準備「卡爾・李閃電計畫」的地方。史坦在這裡與多位白宮官員見面，聽他們向他報告卡爾・李的事，關於他的公司、他的出口事業等等，尤其是他所帶來的危險。

史坦聽著他們的簡報，提了幾個問題。回到辦公室後，他又和幾名消息來源問了這名神祕中國人的事。二〇一九年五月，他在《新聞周刊》上發表一篇文章。文中他引用了不具名美國官員對北京當局不假辭色的警告：這些制裁不過是「我們對中國所採取的一系列縝密又規劃嚴密行動的第一槍」。美國政府想藉此讓北京當局改變主意，如果中國想被外界視為有責任感的國家的話，應出手阻止卡爾・李的作為，或乾脆把他引渡到美國讓他面對司法調查，對中國政府而言會省事得多。不然的話，華府會讓中國加重付出代價，讓其在「政治上、外交上和經貿上受苦」。

二〇一九年六月國務助卿克里斯多福・福特又在國會舉行聽證會中宣布，中國是全球最大製作飛彈與大規模毀滅性武器原料和零件來源國，而這個「不幸真相」的「最大為虎作倀」者就是卡爾・李。

那之後不久我們也來到華府，想要和克里斯多福・福特見上一面。過去數月間我們已經和美國國務院媒體部門多次透過電子郵件商談此事。好幾次敲定了時間，又被延期，一直到終於得到最後確認，才得以獲得機會採訪這位高層外交官員。

這次採訪安排在一個週一早上。我們的班機訂在前一個週六。但在週五晚間十點十一分時，我們卻接到美國國務院的電子郵件，讓我們大失所望。

克里斯多福・福特無法接見我們，國務院媒體部門在信中告訴我們，原因是「同一時間有別的工作衝突了」。但他們找到了其他高層可以替代他接見。替代的人是川普政府負責伊朗事務的特使布萊恩・胡克（Brian Hook），他負責接受我們訪問，但會將採訪主題稍做「微調」。布萊恩・胡克將為我們講解美伊關係的歷史元素，但他無法回答卡爾・李的問題。

我們很少罵髒話的。但那一刻我們卻連飆好幾句最好別在這邊提的話。

我們想盡辦法在華盛頓是下午的時刻打通電話。我們問對方，是否可以再把採訪時間往後延？

不行。

那能不能請布萊恩．胡克稍微提一下卡爾．李的事？

不行。

為什麼不行？

不可奉告。

我們真的幫不上忙。

但我們還是踏上班機飛往美國，因為實在已經來不及取消班機了。

抵達華盛頓後，來到美國國務院，一棟灰黃色石灰岩大型建築前。媒體部一名員工接待我們。中間要先過安全檢查閘門，然後被帶往一間大門敞開的大廳，亨利．季辛吉正在裡頭為國務院成立兩百三十週年的大會演講，之後終於來到要進行採訪的房間。這是一間照明完美的電視攝影棚，只供國務院專用，裡頭有著仿古的柱子和乍看之下彷彿外頭是華府黃昏一樣的假窗。

這時布萊恩．胡克也到了，心情很好，腳步輕快。不久前他還在摩洛哥、以色列和約旦，他一邊跟我們說，然後今天稍後還要趕往沙烏地阿拉伯去參加一個多日中東之旅，「陪同賈瑞德」，即川普總統的女婿賈瑞德．庫許納（Jared Kushner）。儘管不能給我們太多時間，但他很高興見到我們，他這麼說。

乍看之下胡克一點也不像川普政府典型的官員代表，他彬彬有禮、打點得一絲不苟、和善，但不用多久就會看到他的態度很強硬。我們才一坐定，他馬上講出一長串讓人喘不過氣來的反伊朗言論，二十五分鐘裡非黑即白，措詞強烈，一點中間色調都沒有：伊朗輸出恐怖主義，造成中東不穩定，對歐洲和美國構成威脅，對德黑蘭政權唯一有用的戰略就是強力施壓。

那中國又如何？卡爾．李又如何？

我們飛了數千公里而來，雖然媒體辦公室再三叮囑不要追問這方面的事，我們還是開口了。胡克的答案非常簡短：「關於卡爾．李我無可奉告，不，我沒有能與你們分享的新消息。」

然後這場訪問嘎然而止。

我們面面相覷。以布萊恩．胡克的立場，我們的提問不正是將伊朗與中國連在一起大加撻伐的大好機會嗎？美國人怎麼這時候反倒退縮了呢？

我們回德國後一開始也想不透為什麼。我們只得到一個暗示。一名對這類事務很熟悉的線人說：突然退縮的態度往往是「有事正在進行」的反應。不過這名線人不肯再說更多的細節。

第21章
如鱷魚般狩獵

死亡埋伏在動物喝水之處。在這裡，長頸鹿和野豬、斑馬和瞪羚得以解渴，但獵豹和獅子等候在一旁。牠們藏在灌木叢中，躲在小丘後面，伺機而動，直到獵物忘了提防才出擊。一等這些好幾天沒有半滴水可喝、口渴的動物們開始喝水後，掠食者才開始出擊。

網路駭客的做法也是一樣。

他們架設好那些受害者會一再前來的網站，在網站中藏著惡意軟體，等他們上門來。一等有人上了這些被安裝了惡意軟體的網站，駭客就出擊了。他們會在受害者的電腦上安裝惡意軟體，通常是偷偷摸摸地，然後就可以窺視其電腦內容。雖然這和埋伏在非洲大草原水塘邊不一樣，通常不會生死立判，但是這種被資安專家稱為「水坑攻擊」的守株待兔型駭客手法的後患卻不小。

駭客的「水坑攻擊」並不常見。通常這手法是為了吸引特定族群而設下的數位陷阱，受害者可能是某名駭客想要窺視的行業的員工，或者某名被駭客盯上個別公司的雇員。這樣的攻擊也可能被拿來針對某些對特定人士感興趣的新聞從業人員，像是某位中國軍火商之類的，又或者針對卡爾．李本人。

畢竟誰不會這樣做：用谷歌搜尋自己的名字？又有誰不會明明知道這是陌生網站，卻因為搜尋結果吻合而點了進去？

我們依然摸不透 whoislifangwei.com 這個神祕網頁。所以我們去見了全球頂尖的網路專家，把網頁給他看，他向我們保證一定會好好仔細研究。一陣子後我們去問他後續時，他回信告訴我們，他不太確定是否要研究下去。要是網站背後是以色列情報單位在操刀，他就不想碰了，這是當初見面時他就說過的。他要我們給他一些時間考慮。

從此他就無消無息。

如果真的是由以色列情報單位所架設的水坑攻擊網站，那我們就有麻煩了。過去幾週我們上了那網站好幾十次，每個阿拉伯文、英文、中文連結頁面都點擊過了。

儘管我們的防毒軟體未顯示有病毒入侵，但這又能代表什麼嗎？

因此我們聯繫了圖斯騰．霍爾茲（Thorsten Holz），他是資安研究專家兼波鴻魯爾大學（Ruhr-Universität Bochum）教授。二〇一九年在我們的請求下，他和一名博士生研究一款名為「蜂采」（Fengcai，意為「蜜蜂採蜜」）的軟體，這是中國邊防會要求不知情旅客下載到手機上的軟體。一名從吉爾吉斯入境中國的德國人將他的手機交給我們進行這項調查。

霍爾茲和同事檢視了這個軟體，以查出其真正的功能是要做什麼。調查結果讓人毛骨悚然：該軟體會從智慧型手機獲取資訊，包括通訊錄、行事曆、簡訊、用戶所在地點或是通話名冊等，再將之轉給政府資訊中心。該軟體尤其會找尋手機中中國官方視為可疑的資訊，就連一些無害的宗教內容，以及一些提到台灣或是西藏的資料，乃至日本重金屬搖滾樂團 Unholy Grave 等。北京領導人在我們問起此事時全無回覆。

霍爾茲這次同樣願意協助。他使用一台特別為了進行這類研究配備的電腦上了 whoislifangwei.com 這個網站，也點擊了所有連結網頁，接下來就等候結果。他要等他的電腦有所察覺。他的分析程式會察覺出在背後不尋常的運作嗎？他的電腦裡會被人偷偷安裝危險程式碼嗎？

錯誤訊號。

要是駭客一開始就將網站設計成只有中國人會上當的話呢？比如說，要是網頁的目的就是要引卡爾．李上當呢？基本上這很容易做到，因為網站管理員通常可以從上網者的網際網路通訊協定位址（IP）知道他是在哪裡上網。

霍爾茲也寄了一台預先調整好的筆電到香港。我們再從那邊把筆電帶去北京，然後再由他透過網路連結該筆電。他用的是中國最常用的谷歌 Chrome 瀏覽器，然後我們就用那台筆電上的 Chrome 在中國上網。然後再改成微軟的 Edge 瀏覽器，然後再用 Mozilla 的火狐分別上網。之後我們將筆電寄回波鴻魯爾大學。

霍爾茲和幾名同事收到後仔細檢查了那台筆電，卻沒發現什麼異狀。我們找到的網頁或許並不是什麼陷阱，不然就是架設網頁的人太高明，連霍爾茲這樣的專家都無法發現問題。所以這網頁究竟是什麼目的，又是由誰架設、維護和擴充的，這些問題我們完全沒有一點頭緒。whoislifangwei.com 這個網站依然成謎。而整個調查李方偉行蹤的謎團還不只這一個。

卡爾・李這人有很多不一致的地方，但這其實也沒什麼大不了，人本來就不可預測，何況還會有巧合的時候。只不過在卡爾・李身上，巧合數量卻高得驚人。

比如像是卡爾・李的第一樁起訴案件。早在起訴案件還未公開時，居然就有一個名為「擴散貼文」（Proliferation Post）的部落格將調查檔案的一份文件貼上網。四年後，同一個部落格又公開了第一張、也是至今唯一一張卡爾・李的照片，就是後來被聯邦調查局用在頭號通緝犯海報上那張低畫質頭像照。這張照片看起來就像是護照頭像影本，卻被美國政府拿來當通緝懸賞用。那「擴散貼文」又是怎麼弄到的？是誰躲在這個部落格後面？將這張照片公開又是對誰有利？

又比如前文提到過的大連卡爾・李臉書個人資訊。這個臉書專頁就剛好在二〇一四年美國第二次起訴卡爾・李記者會後兩天上線。

因為他的問題和線索而讓我們展開調查的前聯邦調查局分析師亞倫・阿諾德在電子郵件

中說，這實在太不尋常了。

老實說，就連阿諾德本人，我們至今都覺得他，嗯——不太尋常。至今我們已經和他聯絡好幾年，也常和他見面和打電話，或者視訊對談。這幾年間，他從在聯合國擔任北韓核彈計畫專家到現在在英國皇家三軍聯合研究院（Royal United Services Institute）工作，據說是與英國情報單位關係非常近的單位。但不管他在哪裡工作，他都會給我們提供最新的情報、線索和研究想法。

他這樣做的動機又是什麼？

阿諾德會是接受哪個高層的命令，要來把我們兜得團團轉嗎？中情局和哈佛大學的關連，那裡的員工至今仍在和他配合，以及他第一次和我們見面的地方，那座哈佛學院過去是中情局「駐校情報員計畫」的一部分：中情局會派情報員到哈佛招聘哈佛學生為中情局工作，也會吸收校中外國留學生做為線人，在回國後為中情局工作。儘管這個官方計畫如今已經不在，但據說中情局幹員還是會來哈佛。據我們所知，他們通常會在校方知情的情況下以假名報名一些職場進修課程，也就是已經進職場數年又重返校園進修的課程。要是被同學問及過去從事的工作時，他們都會說過去是在美國國務院工作。在甘迺迪學院這個政治人物、外交官和情報員搖籃之地，就常聽到有人這樣回答這類問題。

我們是否因為曾在那邊上過幾堂課、聽過幾堂演講，也被美國政府盯上呢？阿諾德會是某種替情報工作吸收記者的招募人，目的是要藉由記者讓大眾知道某些議題，從而傳達出這些議題的重要性嗎？檯面上他主要的頭銜還是貝爾弗科學和國際事務中心（Belfer Center for Science and International Affairs）的助理研究員，該中心是甘迺迪學院的附屬研究機構。該機構的學者包括了前中情局幹員洛夫・莫瓦特—拉森（Rolf Mowatt-Larssen）；二〇一八年阿諾德和他曾獲准查閱摩薩德從德黑蘭獲得的伊朗核武計畫機密文件。過去來過貝爾弗中心研究的學者還包括前中情局副局長麥可・莫瑞爾（Michael Morell）和前中情局局長大衛・裴卓斯。在阿諾德之前在這邊擔任助理研究員的人則是中情局幹員查爾斯・柯根（Charles G. Cogan）。

就算棲身於哈佛大學和甘迺迪學院，也是擺脫不了中情局的色彩。就算阿諾德一再向我們保證他不是在為情報單位工作，也不見得就是實話。

這則為伊朗運送武器的中國軍火商報導，深合川普總統治下美國政府當時想要拼湊的世界局勢拼圖。

就在我們和阿諾德會面前不久，美國總統川普才剛給德黑蘭政府下了最後通牒，不久後他也真的宣布美國要退出伊朗核武協議，並稱這協議是一場災難，一場糊塗又一面倒，所得到的結論更是一場錯誤。川普總統一股腦地數落了伊朗領導人：德黑蘭政權嗜血成性，助長衝突，輸出危險飛彈，支持恐怖組織。該政權謀殺並虐待了數百名美國人民。儘管先前有了核武協議，但伊朗依舊持續發展飛彈，美國不會坐視伊朗政權危及美國城市，不會讓它取得這世上最致命的武器。

在川普總統的前任歐巴馬執政期間，他希望用外交手段牽制伊朗政權；但川普信奉的卻是極大化施壓，這是川普的伊朗特使布萊恩．胡克在接受採訪時告訴我們的。

在川普眼中，伊朗就是中東和其他地方的萬惡根源。但對於美國而言，其長久以來的威脅（不管怎麼看，據外界所知）在他眼中則絕對是中國。亞倫．阿諾德和我們第一次接觸時，訊息總是圍繞在華府與北京貿易爭端方面的報導。但這兩大強權之間的衝突不僅僅在於太陽能板、洗衣機、鋼鐵或是鋁材的懲罰性關稅。也關乎於美國軍隊的大規模武器升級，美國成功開發出迷你核彈頭，可以將整座城市摧毀殆盡，卻不會造成整個國家無法居住。這些正是美國針對北京日益增高的威脅所想出的對策。

危險又肆無忌憚的卡爾．李被報導的越多，他完全不瞻前顧後的衝勁細節就越被大眾看見，而這對美國政府有利。一名惡貫滿盈的中國軍火商報導，可以說正中華府的下懷。只差有一個地方說不通，要是李方偉事件外流真的是由美方所主導，那為什麼突然間美國一些重要發言人全都三緘其口？克里斯多福．福特這位國務院次卿，過去明明總是每週在推特上貼一則卡爾．李的新消息，為什麼取消了我們的採訪？為什麼布萊恩．胡克也同樣的不願多談？

這葫蘆裡頭到底賣的什麼藥？

第22章
啟程前往黑龍江

中國東北正受到暴風雨襲擊。在二〇二一年這七月天，我們卻要在北京搭上六點十五分的中國航空班機，飛往一千公里外位在俄國邊境的齊齊哈爾。李方偉出生地所在的甘南縣屬於齊齊哈爾市行政區。來到登機門時，廣播喀嗒了一聲，然後擴音機響起：「因為天候惡劣，原定飛往齊齊哈爾的ＣＡ一六五九航班很遺憾必須延後到今天下午兩點。造成您的不便我們深表遺憾。」新的抵達時間於是改為下午三點五十五分。我們於是決定要將班機改成隔天早上六點十五分。

因為延誤要取消班機？換成在德國的話我們是不會這樣做，但在中國對於要進行敏感議題調查的飛行而言則非常重要。中華人民共和國是一個監控嚴密的國家，這邊記者的工作環境簡直有如人間地獄。一般在美國或是歐洲靠一兩通電話可以完成的採訪，在中國則複雜得多，通常要連問十五或二十個人，才能找到有人願意接受採訪。而且往往這名受訪人都不願具名，也會要求不要開錄音或攝影器材。

每年一度的駐華外國記者協會（Foreign Correspondents' Club of China）報導，寫得就像歐威爾寫的反烏托邦故事。記者們紛紛提到手機上正在看的新聞會突然消失，要是同事正好在撰寫敏感題材電腦會無法開機，電腦裡的檔案夾會莫明其妙地會被別人動過。也有記者提到電話中若提到敏感話題會突然被切斷，然後剛剛講的話卻重覆播放出來。另外還有人是攝影畫面被刪了，攝影機被沒收，記者被審訊，遭到短暫拘留等等。在無國界記者組織的全球新聞自由度評比中，中國在一百八十國中排在第一百七十五名。有超過百名以上的新聞記者在獄中，數量超過任何其他國家。

正因如此，每趟中國行都要做好萬全準備，而最有效的方法就是越早開始準備越好。在中國旅行每入住一家旅館，就一定要出示護照上的簽證。然後櫃台會立刻向當地官方上報入住日期。對於通訊記者，其簽證貼紙上會標示有「記者」二字，而這兩個字對於當地的公安單位而言就是一個警報。因此身為旅華通訊記者，一定要在入住旅館報到前儘量掌握時間去做採訪調查。

最遲從新冠疫情讓全球如坐針氈開始，到中國採訪的外國記者幾乎都一定會遇到這樣的遭遇：採訪的城市越小型，就越可能會遇到國安觀察小組如影隨行緊跟著外國記者。而且通常這些小隊的成員多半是穿著寬大運動褲和運動鞋，開著沒有車牌號碼汽車的男性。齊齊哈爾儘管是黑龍江省第二大城，但在中國城市的規模而言卻只算小城。九十萬居民住在一個大約柏林市五倍大的行政區裡。

隔天我們又來到登機門前。陪同的還有最知名也最頂尖的德國災難報導記者馬蒂亞斯・布林格（Mathias Bölinger），他是受《德國之聲》（Deutsche Welle）交託一項任務前來中國。他隨身攜帶一架攝影機和一架無人機以為我們這本書撰寫過程的電視紀錄片拍攝之用，此行要來拍攝李方偉的故鄉。除此之外，我們也想要追查李方偉這名商人身邊重要關鍵人物王桂俠的下落。

我們在「巴拿馬文件」中第一次撞見這幾個名字。王桂俠是裕海企業這家註冊於塞席爾群島的紙上公司所有人。李方偉透過這家公司和伊朗達成了數起交易。早在美國檢察官盯上裕海企業並將之列入制裁黑名單之前，王桂俠就搶先一步將ABC冶金公司改名，然後接手繼續做生意。

在「巴拿馬文件」資料中，王桂俠的中國身分證號碼是二三〇二二五一九七〇〇二〇四五六四四。多虧中國戶政系統的編排規則，我們從而得知這個號碼是女性所有，因為其倒數第二個數字是偶數。另外也從而得知，王桂俠和李方偉都一樣是在文化大革命期間出生於甘南縣，這是從他們兩人身分證字號前六位數都一樣看出來的。李是一九七二年出生，王則是早兩年，出生在一九七〇年二月四日。兩人搞不好還上同一間學校也說不定？

「巴拿馬文件」中也記載了地址在甘南查哈陽農場。指的是查哈陽鄉這個在齊齊哈爾西北方開車兩個小時、黑龍江省一個封閉的地區，一九五〇年代有一個勞改隊被派到這裡開發。過去這裡有個農業合作社，一種中國集體農場，現在的查哈陽則是一個正規的城市，有社會主義風格的住宅區和高樓大廈。這裡見證了中國暴發式崛起的過程，但離真正大都會的遙遠距離也歷歷在目。中產階級的汽車沿著街道行駛，滿街裝飾著一塊又一塊的紅色看板慶祝中國共產黨建黨百年，間或穿插著老舊的三輪摩托車。一旁的農民徒手拔著雜草。

這一陣子來我們一直想不透該怎麼找到這位王桂俠。查哈陽雖然明顯比大連小許多，但據最近一次戶口普查，這裡也還是住了六萬名居民。要我們外國記者挨家挨戶去查訪太難了。但沒想到二〇二一年這個夏天，中國營業登記資料中的一筆輸入卻讓我們喜出望外。就在不久前查哈陽開了一家新餐廳，而餐廳的一名股東竟然就是王桂俠。其地址雖然在資料中沒有顯示，但卻留了手機號碼。

隔天飛機準時從北京起飛了。降落前不久，空服員一絲不苟地檢查每一扇窗確實有拉好，不讓任何人往窗外看。齊齊哈爾機場有解放軍在使用，通常中國空軍戰鬥機會從這邊起飛去執行祕密任務。

下了飛機，我們搭上機場外第一輛計程車，這也是在中國的外籍記者要謹記的遊戲規則：千萬別預約叫車，而且盡可能都以現金支付，儘管在中國幾乎什麼東西都是用手機付款，而且也幾乎沒有什麼人手頭有零錢，要以現金支付並不容易。我們先驅車前往甘南市，要先在那邊拍一些紀錄片畫面。一路上窗外景物不斷飛逝，就好像我們熟悉的德國風光，平原、無盡的玉米田和遠處的天空，彷彿在下薩克森或是下巴伐利亞，完全不像在亞洲。李方偉的家鄉也同樣是這等風景。

但在甘南市街上，馬蒂亞斯的攝影機還沒來得及鎖上三腳架，公安巡邏隊搭乘的警用吉普車就閃著警示燈駛過來。原來是一名騎競速自行車的路人打電話叫他們來，他穿著一身黑，頂著小平頭，戴著太陽眼鏡。他給來的兩名警察出示自己的身分證，他顯然是在國安單位工作。「你們沒有獲得省級或是市級政府許可不得任意採訪。」這人以非常沒禮貌的北方口音吼我們。兩名公安還有些遲疑。「外籍記者需要獲得單位許可才能攝影，」這人再次強調，然後直指著我們說：「這些人沒有許可。」

這太扯了，外籍記者該申請的文件我們具備了，但街道和風景的拍攝許可這種東西，不管在中國或是德國都是不需要的。但這對當前狀況一點助益也沒有。我們除了要出示護照以外，還出示媒體證讓他們拍照，總之我們是哪都去不了了。還好我們獲准去幾公尺外的一家燒烤店用午餐，為此他們還特別撥了電話調派一名警力過來看著我們。兩個鐘頭後他來跟我們說，他接到省會哈爾濱的電話告知，外籍記者在戶外拍攝不需獲得許可。「你們可以走了。」他這麼說。

我們再次搭上計程車，開了一個鐘頭在這區沒目的地亂繞，一直繞到確定沒有人跟蹤後，我們才真的開上前往查哈陽的路。

二〇一九年夏天，就在新冠疫情前，我們第一次來到查哈陽，當時我們沒帶攝影機，只是稍微看了一下這地方。當時只是想要認識一下這個被「巴拿馬文件」提到的地方長什麼樣。那次到查哈陽時，我們問了城裡的墓碑在哪。

數百年來，中國名門世家會將歷代家族男性名字刻在石碑上擺在祖居地。我們此行就是希望李方偉家族也有這塊石碑，保存了他家族的族譜和做為地位象徵。這樣一塊石碑在想瞭解某人家世淵源時極為重要，尤其是如果這家族又對族譜很隱密不想張揚時。

《紐約時報》曾在二〇一二年第一次研究了這類族譜石碑。這塊屬於當時中國總理溫家寶家族所有的石碑，讓我們知道中國政界裡誰和誰是親戚。外界也因此明白溫家數十億美元流到了哪幾位家族成員的銀行帳戶。我們第一次造訪查哈陽時，當時問的人都不知道李氏家族有這麼一塊石碑。但有名老翁說：「來，我想到有個人可以幫你們。」他搭上我們的計程車，然後告訴司機往前開幾條街。我們察覺時已經太晚，原來他是把我們帶到警察局去。「這些外國人想找李方偉家族。」他大聲對一名警局裡的女公安大喊，她一邊講手機一邊意興闌珊地看我們一眼。「你們打哪來的？」她問。「哇，是德國來的啊，我和一個你們國家來的人說過話。」她很友善地說。在疫情前，中國這情形很普遍，越小的地方，人們就越好奇，也越容易親近。

時間已近黃昏，馬蒂亞斯把攝影機擺在查哈陽中央廣場上架好。中國五星紅旗掛在附近所有的街燈桿上。街上的小販賣著串燒，退休老人跳著舞，樂聲從木頭小亭上的擴音機爆裂地轟著。在中國一座小鎮上一個平和的黃昏。一直到一名退休老人朝我們走上前來。

他穿著一件馬球衫，戴著口罩，頭髮染黑。「你們來這裡做什麼？這是不可以的。」他訓斥我們，同時從口袋掏出一張證件，上頭是他明顯年輕很多時的照片。證件上頭寫著他姓喬，過去大概當過警察。「你們是誰？打哪來的？證件拿來！」他大吼。瞬間我們被約莫三十多人圍繞。一天內第二次行程被阻擋。

這時我們的計程車司機走上前來。「你幫間諜工作，快滾。」喬先生吼他道。我們的護照已經被拍了好多次照片，我們自己也被人用手機拍了好多次了。半個小時後，他們才終於讓我們走。「我們不想再在查哈陽看到你們。」喬先生走時這麼嗆我們。

一些半出於好奇，但大半懷著不信任且偶爾非常暴力的人所組成的人群，很遺憾地在今日的中國越來越常成為日常。打從新冠疫情以來，仇外心態在中國與日劇增。這種心態有很大部分是源於北京領導人多年來透過大內宣造成的影響：新冠疫情源自國外，源自粗心大意的外國人，是他們不斷地將新的變種病毒帶進中國。打從那以後，就越來越常看到歐洲人和美國人被人從超市、旅館或是美髮沙龍趕出去的報導。

還好我們已經完成部分影片了。現在只差找到王桂俠這個和海外公司有關女性的任務還沒完成。

只是現在我們先得找間旅館過夜才行，但不是在黑龍江省，而是要到隔壁省內蒙古去。這也是外籍通訊記者在中國採訪常用的招數。一旦我們出了黑龍江，我們就會立刻從黑龍江省主管單位的雷達上消失。而一旦我們用護照上的記者簽證在內蒙古的旅館櫃台報到，就會立刻驚動當地的主管機關，而黑龍江省的官員不會知情。一等我們回到黑龍江，兩省邊界的內蒙古公安就會鬆一口氣，我們也能在黑龍江自由行動了。

阿榮旗是我們終於在內蒙新城區找到寄宿處的城市名。隔天一早喝完非常甜膩的奶茶後，我們決定要開回到查哈陽去。但這次刻意把攝影機留在計程車上，因為我們可不想再遇到喬老先生和他那群朋友。不過或許我們可以和那位紙上公司負責人王桂俠談一談。

我們打給在查哈陽餐廳營業登記上查到的手機號碼，但沒有人接電話。我們又在WeChat（微信）上的信息服務輸入這個手機號碼，因為幾乎是有手機的中國人都會用這個軟體。這下就有答案了，這個號碼綁定了一個微信帳號。從這個微信帳號上又註記了另一支手機號碼，接電話的是位女性。「你們在查哈陽？確實地點呢？」她問我們，我們跟她自我介紹說是歐洲來的新聞記者。「請問你們在哪裡？」她問我們，說她會過來找我們。我們計程車停在中國手機廠牌Oppo門市前。她說：「那就到Oppo門市對面見，好。」她的口氣從原本驚訝中帶著客氣轉變成驚訝中帶著懷疑：「你們找我什麼事？可以多少跟我說說嗎？我一點也不認識你們。你們想跟我見面，但我卻不知道你們有何目的。」我們跟她說是跟 ABC 冶金有關。「那是什麼？」她問得很簡潔，然後又重覆了一遍：「你們在人行道上，我就過來。」

我們在那裡等了一個半鐘頭，無蹤無影。她會是和李方偉或其家屬聯絡，聽取了對方意見嗎？我們再打給她一遍。這次她變得不太高興，一再顯得怒氣沖沖：「你們有什麼問題嗎？我有怎樣嗎？」她氣呼呼地道。「為什麼我就非得跟你們見面不可？我跟你們認識嗎？」她就這樣掛斷。口氣前後差距之大讓我們意外，但我們還是再打了一次。這次卻只聽到音樂答鈴，然後就轉成罐頭語音不斷循環要我們等候：「做為中國領先的婚禮籌備公司，我們致力於實現您的夢幻婚禮。請稍候，我們即將為您轉接。」

但沒有人來接。那位表面上說是靠著促成愛與幸福而賺錢的女性，說不定也靠著飛彈和大規模毀滅性武器零件在賺錢。但她再也沒接電話了。

第23章
隔空取命

莫森．法克里薩德對自己承擔的風險心裡有數。伊朗情報單位一再警告這位副國防部長：以色列情報員正在動他的腦筋，摩薩德想要暗殺他。要暗殺這位核武科學家的傳聞一直甚囂塵上，據《紐約時報》的調查，二〇〇九年就已經執行過刺殺行動，只是在最後一刻臨時作罷，因為刺客懷疑對方設了埋伏。

核子物理學家法克里薩德對警告漫不經心，就像十一年後再次有線報指稱會再次攻擊，而這次連明確地點都有，就在從他位於裏海畔人口一萬五千人小鎮羅斯塔姆卡拉（Rostamkala）的週末住處前往德黑蘭的路上。但這位時年六十二歲的科學家還是決定不要因此而打斷行程。因為隔天他預計要到大學任教，所以他想回到城裡去。

當然有他平常的隨扈護送。法克里薩德堪稱是全伊朗獲得重重保護最嚴密的人，全天候有「安姆薩爾」（Amsar）菁英衛隊守護，這是一群訓練最精良、裝備最齊全的戰士。法克里薩德也固定會換座車，讓刺客不好動手。在二〇二〇年十一月二十七日這天早上，他選了一台黑色日產Teana，偏偏是不具防彈設備的車。

中午前後車隊出發了。由一輛載滿保鏢的車子前導，後面跟著兩輛。

莫森．法克里薩德出身庫姆市的保守家庭，該城是什葉教派的聖城。波斯國王在一九七九年被推翻後，法克里薩德剛滿二十一歲。他加入了伊朗革命衛隊，並鑽研核子物理，很快就成了伊朗革命衛隊飛彈計畫的負責人。

身為伊朗國防部研究室主任，他據說甚至曾經遠赴北韓進行飛彈研發的交流。日後他升任伊朗國防部副部長，因此成為以色列指責的對象，被視為伊朗核武計畫的首腦，有些專家甚至視他為伊朗核彈計畫之父。

法克里薩德總是能夠破解國際對伊朗的制裁，而他的管道之一是卡爾．李和他的公司。這一點我們敢打包票，因為是一位拿得到祕密情報的線人洩漏給我們的。但也很確定李方偉絕對不是法克里薩德唯一的交易管道，不過他的確是最重要的管道之一。

但是以色列絕對不會允許其頭號敵人擁有這些管道。因此以色列政府從二〇〇四年起派其國外情報單位投入破壞伊朗建造核子飛彈的工作，不計代價。於是就有了前文中提到伊朗飛彈和核武高階官員和專家連番神祕死亡事件和明白的攻擊事件。

二〇二〇年十一月這天，法克里薩德車隊所走的路徑他們都走過幾十遍了，路上的一切看在車隊中男女隨從眼裡有如千篇一律，只差今天的轉角停了一輛正在用油壓千斤頂換輪胎的車，可能是爆胎了，近處又停了一輛藍色日產拖吊卡車。死神在這裡伺機而動。

就在法克里薩德座車經過那輛爆胎車後幾秒鐘，突然間槍聲大做，總共十五聲槍響，隨後就發生了爆炸。

一開始伊朗媒體報導是說一群刺客埋伏在那裡等著法克里薩德暗殺了他，還說有五六名殺手。在一個和伊朗革命衛隊關係很密切的社群媒體帳號上，甚至出現了另一種說法，說是法克里薩德的保鏢和十多名刺客之間發生了一場激烈槍戰。數天後革命衛隊又突然爆出一個全新且更加荒謬的說法：一架殺手機器人動的手。

如果《紐約時報》的調查可信的話，竟然是這個荒謬版本最接近真相。以色列摩薩德情報單位不像過去派出一名或多名刺客，這次決定從比較保險的距離下手，而且是從遠在兩千多公里外的特拉維夫。在事發地點路邊停靠的那輛藍色拖吊車中，藏在其雨布和各式各樣工具間有一把比利時狙擊步槍，步槍與某種型態的機器人連接。並有一台電腦能校正彈道；第一發子彈射出後，電腦會根據車身的搖晃自動校正彈道。

而旁邊那輛用千斤頂推高的爆胎車，裡頭則藏著一台攝影機。一等攝影機辨識出法克里薩德，而其座車靠近藍色拖吊車時，那名可能就坐在特拉維夫的槍手就會按下扳機。這時數發子彈貫穿擋風玻璃，其中至少有四發擊中了法克里薩德。他的妻子就坐在駕駛座上，毫髮無傷。前文中提到的爆炸呢？那輛載有遠端遙控狙擊步槍的拖吊車在任務成功後就自爆了。

這下莫森・法克里薩德死了，就在以色列總理納坦雅胡講了本書第十八章記者會上那句讓人聞之喪膽的「別忘了這名字」之後的九百四十二天。

法克里薩德之死向每一名伊朗科學家和士兵傳遞了一個清楚的訊息：以色列會想盡辦法阻撓伊斯蘭共和國獲得核武飛彈。凡是試圖獲得核武飛彈的人，他的性命就可能會不保。

但以色列長久以來所瞄準的不單只限於飛彈計畫的高層人員，運送管道也沒放過。數年來，伊朗或其友邦的卡車車隊、倉庫和貨運船隻幾乎每個月都會遭到襲擊。二〇二〇年在短短數日內，伊朗的軍火庫接連發生多起爆炸事件。不到幾個月後，伊朗政府成功阻止了一次德黑蘭附近鈾離心機工廠的無人機攻擊。以色列情報人員更是經常出手攻擊伊朗軍事供應鏈，屢屢能將跟蹤器材或炸彈藏在由國外運往伊朗的飛彈零件中，二〇二一年一名美國高階情報官員就曾向《紐約時報》透露類似事件。有一次就被伊朗官員在一批打算運到核武工廠的器材中找到一百五十公斤重的爆裂物，威力足以將整座軍事基地夷為平地。

近來以色列部隊針對的貨船數量越來越多，目的是要澈底斬斷卡爾・李輸往伊朗的管道。據美國媒體的報導，自二〇一九年以來，以色列特種部隊至少攻擊了十艘進出伊朗的貨船。有時用魚雷，有時則是搭乘快艇的特種部隊，有時靠爆破，都是一些事後無法確認也無法重建真相的攻擊手段。

如果把這些事件串連起來就可以確定，伊朗和以色列其實（幾乎在世人沒有注意到的情況下）長期以來一直在戰爭狀態，或者是一種持續性衝突。國際政治偶爾就只是字義上的詮釋不同。

美以兩國公開譴責伊朗口口聲聲說沒有，卻私底下進行核武計畫後，美國政府在川普任內又退出前任總統歐巴馬推動的「聯合全面行動計畫」（Joint Comprehensive Plan of Action, JCPOA，通稱為伊朗核問題全面協定），這段期間以色列和伊朗兩國的衝突幾乎是每週發生。有時以色列會用無人機前往敘利亞或黎巴嫩暗殺某名伊朗的將領，有時伊朗會在印度洋攻擊以色列船隻。然後以色列又去暗殺下一個科學家，然後伊朗又計畫在國外攻擊以色列，卻被該國當局一再阻擋。雙方就這樣你來我往，卻幾乎不為外界所知。

在卡西姆．蘇萊曼尼於二〇二〇年一月在巴格達機場遭到無人機暗殺後，伊朗和美國之間的緊張情勢升高。前往伊朗旅遊就完全不在我們考慮之中；前去伊朗調查，查的還是它祕密的飛彈計畫，這無異找死。所有跡象都顯示情勢正在升高，越來越多在伊朗的外國人只是因為一點不起眼的小事就被逮捕。據說伊朗革命衛隊膽大妄為，居然把腦筋動到川普的國安顧問約翰．波頓（John Bolton）頭上，想對他行刺。

但緊接著是二〇二〇年十一月三日，川普在美國總統大選中敗在挑戰對手拜登手中。而早在勝選前民主黨就宣布，若勝選要重新與德黑蘭政權展開核武談判。事實上，一開始伊朗總統哈山．羅哈尼也對此相當有信心，和美國的問題應該「非常容易」解決，就等他宣布，大家的日子就可以再回到「二〇一七年一月二十日前的狀態」，即川普就任前的狀態。

雖然跡象顯示樂觀，情勢卻一點也沒有平息下來。在二〇二〇／二一年間，葉門亞丁機場的一場爆炸案造成數十人死亡，伊朗和其盟友被懷疑是凶手，亦即葉門的青年運動民兵。在二〇二一年一月拜登就職前數日，一名前伊朗革命衛隊的將領出言威脅，美國航母群可能即將成為「沉沒的潛艇群」。而就在此不久前，伊朗革命衛隊才在波斯灣啟用一座地下飛彈基地，並威脅說：「這些飛彈的射程達數百公里遠，非常精準、有很大的殺傷力，還能摧毀敵人的電子戰備。」也難怪美國的B五二轟炸機會剛好選在這時前往該地區執行飛行任務。

重啟「聯合全面行動計畫」（即伊朗限核武）談判既是歐盟所期待，亦是拜登總統的希望，但在這時卻一點也於事無補。

回溯二〇一五年時，「聯合全面行動計畫」談判桌上坐的是聯合國安理會的五大常任理事國，外加德國與伊朗，歷經了十八天的談判馬拉松才達成一致協定，將伊朗提煉濃縮鈾的離心機數量從一萬九千部減為六千一百〇四部，並將低濃縮鈾庫存從一萬公斤減為三百公斤，並要維持十五年不提煉純度超過百分之三點六七以上的鈾。伊朗同時需接受聯合國的監管。西方國家希望藉此能夠暫時解除伊朗核武危機，並換得解除對伊朗影響越來越大的國際制裁。

但另一方面，當時以色列政府卻稱這項協議是「影響深遠的錯誤」，並繼續進行其破壞伊朗核武計畫和刺殺的工作。以色列情報單位派了許多情報員前往伊朗，又召募了許多的線人，這讓伊朗國會反情報委員會的主席不禁脫口說出，自己的國家有如「情報員的天堂」。

在二〇一五核武協議後，幾乎每個西方情治單位都睜大眼睛盯著伊朗：伊斯蘭共和國是否會謹守規範？事實很明顯，伊朗違反了多條協議條文，而違反的地方都和卡爾．李有關。因為在很多件案子中，西方情報單位都發現那些貨運的原料可以做為飛彈建造用。據一位不願具名的專家指出，裡面至少有一個貨運可以追溯到卡爾．李。而其他自二〇一五年以來被攔截的船運，也無法排除是來自李方偉這名神祕中國人。同一名專家也向我們解釋，根據「聯合全面行動計畫」，伊朗不得私自進口這些原料，必須獲得許可才能進口。上述其他幾起被攔截的船運都沒有獲得這方面的許可。

因為伊朗大致上奉行了「聯合全面行動計畫」的限核條文，所以西方國家對上述違反事項也就睜一隻眼閉一隻眼。但是這些違反事項卻讓世人對於協議的信任度大打折扣，這位專家說道。

但不論先前如何，二〇一八年一切都改觀了。川普撤出伊朗限核協議引致歐洲大恐慌，然後他又對伊朗祭出更加嚴厲的制裁案。這意味著「聯合全面行動計畫」的伊朗限核措施暫時失效了，而突然間所有事情都可能發生，就連戰爭也在可能之列。在美國總統拜登上任後，這一切一時之間依然沒有改變的可能。差不多就在他就職同時的二〇二一年一月間，德黑蘭政府宣布要在庫姆附近的地下軍事掩體中重新開始提煉純度百分之二十的濃縮鈾。然後又隔不到數日，伊朗核能主管機關主管阿里・阿克巴・沙列西（Ali Akbar Salehi）又解釋，伊朗每日要生產五百公克純度百分之二十的濃縮鈾。二〇一二年四月，伊朗又宣布已生產出五十五公斤純度百分之二十的濃縮鈾，更預估在八個月之內，他們將能擁有總數達一百二十公斤的此類濃縮鈾。從提煉出百分之二十濃縮鈾到提煉可供核彈使用的百分之九十的濃縮鈾，對德黑蘭政府而言不過是技術上的一步之遙。伊朗最高領導人哈米尼更威脅稱伊朗在核彈問題上不會稍作退讓，同時也宣布，伊朗將和北韓加強長程飛彈的研發工作。

針對伊朗此舉，歐盟和剛上任的拜登政府則催促著要重新展開協議。確實三方也在二〇二一年四月間舉行了會談，地點在維也納，在中立國境內。但因為伊朗派出的協商代表不願意直接和美方談，所以會談改採迂迴的方式：伊朗代表團在克恩滕環城大道（Kärntner Ring）那頭的大飯店裡和德、法、英、中及俄國代表團談。談完後歐洲代表團再走兩百步的距離過街，到對面的帝國大飯店（Hotel Imperial），告知美國特使團伊歐的協商過程，再將與美協議結果向伊朗回報。以色列全程沒有參與，但每日議題卻始終沒離開過以色列。

因為就在重新復談前幾日，伊朗納坦茲的濃縮鈾提煉工廠出現了兩起神祕爆炸案。其中第一起爆炸案中的炸彈據當時伊朗核能組織負責人費瑞東・阿巴西－達凡尼（Fereydoon Abbasi-Davani）所言是藏在辦公桌裡頭，該起爆炸炸毀了一座鈾離心機生產廠。數天後，第二起爆炸又在同一地撼動了該廠房。這一次的爆炸是因為鈾離心機的供電和緊急電池同時被切斷。這造成數千台機器故障。爆炸後不久，大家又聽聞了伊朗聖城旅副指揮官穆罕默德・海潔齊將軍（Mohammad Hossein-Zadeh Hejazi）死於心臟病。長久以來他都是以色列摩薩德情報單位鎖定要暗殺的對象，因此謠言四起，指他的死與以色列脫不了關係。

見到這樣的情形，就算再冷靜、置身事外的頂尖伊朗核武計畫人員必然已經嗅到以色列是磨刀霍霍，正朝所有參與此一計畫的人下手。

這危機是否也會波及我們多年來一直在追查的中國供應商呢？就我們至今所瞭解，中國對化名卡爾・李的李方偉而言，一直是個安全的棲身之所。

但這種事有誰能打包票保證？

第24章
大連祕密組織的緘默令

大連市白雲街一一〇號。我們再次站在第三個斜坡的天井，這裡又窄又陡又暗，黑色的纜線纏的到處都是，牆上還竄出電線來。上次二〇一九年夏天來時貼在一單元三樓三號鐵門上的紅底金字，意味著運氣和富裕的福字春聯現在已經不在了。

我們敲了門。

我們在德國之聲的同行馬蒂亞斯・布林格這次一樣帶了攝影機同行。我們想記錄在大連卡爾・李地盤上這家公司會是由誰來開門。這些公司又是開在什麼樣破落的角落，從中將價值高達數百萬美元的石墨和碳纖維、鋁製零件和電極送往伊朗或其鄰國，再從這些鄰國透過走私路線送往德黑蘭。

二〇一九年夏天我們上一次造訪時，來開這扇灰色大門的是位五十五歲上下、個頭嬌小的女性。當我們問她大連增華經貿這家卡爾・李走私網絡的關鍵公司是否在這裡時，她連大門都沒關就衝進去打電話。我們可以聽得到她在問隔壁房間的誰現在該如何處理，而且也聽到她很清楚說出「李方偉」三個字。之後就開始一陣子的低語，掛斷電話，回到大門這邊，很快就把公寓大門關上。

這次來開門的是另一位太太，頭垂得很低，起碼比前一位年紀大二十五歲以上，頭髮染過，原來髮色的髮根已經長出來，跟上方染的顏色不同。她穿著黑色馬球衫，拿著把菜刀，顯然正在切菜。

我們問了大連增華的事。她說不知道這家公司，連想都沒想。她姓陳，一個人住這兒。之前住在黑龍江。是齊齊哈爾那區嗎？然後陳太太才微微抬起了頭。「嗯，對啊。」她答。是查哈陽嗎？她又點頭。

好巧啊！還是並非巧合？在一千多公里外那座過去的農業合作農場可能是李氏家族的故居。陳太太是否認得一位叫李方偉的人呢？「我高齡八十幾了，什麼都不知道。」她答，隨即關上了大門。在門後頭的，據營業登記所載，依然是大連增華的公司所在地。

出現新的謎團了，兩年前二〇一九夏天來開門的那位太太是誰？查哈陽這地名又出現了。在中國這有著十四億人口的國度，一個只有六萬居民的地方。

在我們二度造訪大連特瑞可能的總部時，也發生同樣讓人困惑的情形。兩年前我們按的是位於大連市中心住宅區十一樓的門鈴，當時門打開後一股濃厚的大蒜味撲鼻而來。開門的人自稱是劉先生，年紀大約四十五歲上下。很健談，還說他住這公寓五年了。但一聽我們提及李方偉和大連特瑞，他立刻中斷了對話。沒多久後，大連特瑞就從中國公司營業登記系統中被註銷。

這次來開宏濟街九十二號一單元十一樓二號大門的人又會是誰呢？會是兩年前同一位劉先生嗎？

這次門始終沒開。門後那位先生自稱是住戶，但他不願告訴我們姓名和電話號碼。

「您知道大連特瑞嗎？」我們問。

「從沒聽說過。」門後傳出悶悶的聲音，他只是房客。

「您住這多久了？」

「大約五年了。」

「從沒有人跟您提過這家公司？」

「沒有。」他強調。

「我們可以跟您房東說說話嗎？」

「我沒有他電話。只有他有我電話。」

其他問題他就不願回答了。

一堵沉默的高牆，像是大連祕密組織的緘默令一樣。

上次倫敦國王學院那群研究員跟我們報告時（他們終究是當時最瞭解卡爾．李的專家），他們很肯定，李方偉最有可能的藏身之處應該是大連市北邊工廠區新開路八十二號越秀大廈這棟辦公大廈的二十五樓。「許多李方偉貿易網絡上活躍的公司都和這邊第二五〇四號到二五〇八號房有關。這個位於大連市中心辦公大樓區的地址，可能就是李方偉生意網絡的行政或商業辦公室。」國王學院的專家這麼說。

從那位宏濟街住宅區不肯開門先生的家到新開路辦公大樓，走路不用十分鐘就到了。這棟大樓現在改名叫九邦大廈。二〇一八年改的名，大樓旋轉門的貼紙上卻還可見越秀這個舊名。但大樓二十五樓卻沒人聽過李方偉或是他幾家公司的名字。「完全沒印象。」一位先生搖著頭道，他屋裡堆了好多運動鞋，鞋盒堆到天花板。他是淘寶的國際經銷商。大約兩三年前，他就開始從這裡每天寄出數十雙鞋子到中國各地。

往前幾間房間有間辦公室，前方有接待櫃台，門沒關。我們就上前問是否有家叫大連中創冶金礦業有限公司的總部在此。這個名稱和卡爾．李父親在一九九八年創辦的第一家公司一樣，當時離伊朗遭到制裁還有很長一段時間。大連中創冶金在二〇〇四年向中國營業登記單位註冊，一直到二〇一二年才結束營業，照登記地址應該就在這二十五樓。「沒有，我們是家廣告經銷商。」一名身穿藍色洋裝的女士對我們笑著說。「您可認識李方偉？」我們問她，為了確認還給她看了他名字和公司的中文寫法。「從來沒聽過。我想他應該不是在這層樓。我們在這邊超過十年了。」她說，「你們怎麼不去問房地產公司。就在五樓。」但那邊也不認識一個叫李方偉的人。

又是死胡同。

我們叫了輛計程車朝北方一百四十公里處的瓦房店市松樹鎮開去。先走了一條平坦的高速公路，然後下到鄉間小路，中間經過櫻桃園，越來越深入鄉間，這邊應該有間李方偉的工廠，專門生產賣給伊朗飛彈使用的石墨零件。全名是大連中創碳素有限公司，創始於二〇〇六年六月。該公司百分之二十四點三二的股份為卡爾．李持有，大股東則是他弟弟李方東。但我們沒有該工廠的明確地址。營業登記網站上只寫著「瓦房店市松樹鎮」。但我們有拿到衛星照片。從畫面上看到有根紅白相間的高聳磚砌煙囪，附近有條河和鐵路。

在中國要根據衛星照片找地址的人使用谷歌地圖之類的網頁時要小心。因為中國政府三不五時會干擾一下GPS定位訊號，造成一些地方在地圖上和真正位置誤差好幾百公尺。所以最好同時要使用中國地圖軟體，可以從中國領導人過去送往大氣層的衛星接收到資訊。在瓦房店這裡，谷歌地圖全然派不上用場。我們用中國搜尋引擎百度上的地圖服務才能找到目的地。在一處加油站轉入一條砂石道路上，那座衛星照片上看到的磚造工廠煙囪赫然在目。

因為前天大雨導致鐵路下方通道淹水，計程車過不去只好停在遠處。我們倒是不介意這情形。脫掉鞋襪涉水過去後，再徒步跑到那座工廠。現在可以看到煙囪上的字了：「中創碳素」。一旁還有兩個字：「歡迎」。

德文 Willkommen 的意思。

但這裡可一點沒有給人歡迎光臨的感覺。一堵石砌的高牆環繞整個外圍，一間庫房的窗戶都被砸破了。是廢棄工廠嗎？這邊真的還有在營業生產嗎？我們決定先繞廠房一圈。廠區南邊一座大廳裡有光線透出，牆上還安裝了多部監視攝影機。泥濘山丘上有座玉米田，我們爬上去，好好從上往下看整座廠區。整區都用帶刺鐵絲網圍住，但工廠大門卻是敞開的。這天明明是週六啊。我們溜了過去，那頭會有人可以回答我們問題嗎？可惜空無一人。我們繞到轉角另一邊，朝東南方走去。赫然映入眼簾的是成噸的石墨，堆了好幾公尺高，發出黑亮亮的光澤，就好像一隻山一般大的鉛筆蕊。這些石墨就擺在內庭，但也有些是擺在工廠大廳。是準備要加工處理嗎？準備出口？

我們站在全球被通緝最力的人之一的工廠前，眼前這些原物料根據情報被成噸成噸地送往伊朗政府。我們感到不安。夜色慢慢降臨了。沒多久眼前這些石墨就變得很難看清楚，因為光線已經不足。

我們離開廠區，越過淹水的路，搭上計程車回到大連市。我們在這裡的所見所聞意味著什麼？我們已經離卡爾．李很近了。從來沒有那麼近過。

黃昏時我們舉杯慶祝。我們在大連下榻的飯店地下室有家慕尼黑寶萊納啤酒廠餐廳。屠夫肉盤、肉排還有小麥啤酒，舞台上是一支專唱翻唱歌曲的俄國樂團，唱著中文和各國的流行歌曲。

隔天我們接到一通來自瓦房店的電話，當地主管當局在聽筒另一端。我們不是被禁止進入該公司所有地嗎？可是那工廠根本大門敞開，我們也只是前去尋找負責人。電話上的官員對我們的說法不感興趣。她隨即打了一通電話通知新冠疫情控制單位。她說，瓦房店的衛生機關注意到，昨天有多張在北京註冊的手機電話卡在瓦房店的手機訊號發射站登入。不管我們現在人在哪裡，她迫切想要知道，因為幾天前在中國首都北京出現好幾起新冠病例。

這就是中國。不過是支手機從哪裡發送訊號，就遭到嚴厲的盤查；而全球頭號通緝軍火商工廠大門敞開且無人看管卻沒人當一回事。

我們的記事本上還有最後一個地址沒調查：大連重信國際。二〇一二年成立，依中國營利事業登記所載，該公司還有六成股份在李方偉個人名下。過去幾年間，大連重信國際以船運載了許多石墨和鋁合金製品前往歐洲，但也有些是送往伊朗以及伊朗鄰近的許多國家。

大連重信國際座落於尖山街十九號。這是我們調查至今卡爾．李企業網絡中最寒酸的一間公司。整個住宅區到處都是垃圾堆積如山。髒兮兮的沙發，壞掉的桌子，一架老舊的洗衣機。鄰居還養雞，在沙地上啄著米。到處掛著電線和繩子。那是有通電的嗎？我們還是別以身試電吧。

就跟二〇一九年前來採訪時一樣，走道上很暗，狗也同樣立刻開始吠了。在一樓那扇白色的木頭門上依然貼著跟兩年前一樣的紅色福字春聯，就像是這兩年來從沒有人到過這裡一樣。我們敲敲門，卻是隔壁鄰居的門打開了。一名穿著睡衣的太太喊著：「應該是會有人在的。你們繞一圈到菜園裡找。可能他正在照顧花木之類的。」

果然在花園裡有個男人站在那兒。他穿了件藍色運動褲和褐色套頭毛衣，在脖子上還披了條毛巾，一副像剛結束重量訓練的樣子。手上的袋子裝了他剛採摘下來的櫛瓜。他說「劉」是他的姓，和大連特瑞那位聞起來有大蒜味的負責人同姓。但兩人可能不是親戚，因為中國姓劉的有幾百萬人。摘櫛瓜的男人說，他住這裡好多年了。但接下來他所說的卻讓我們震驚。

我們請教他是否知道一家大連重信國際的公司，登記地址就在這邊一樓。「這我沒聽說，這屋子不是我的。這屋子一直空著，沒人住。」他一邊說一邊又摘了些櫛瓜放進袋子裡。「或許該公司過去在這邊，但現在已經不在了。可能只是把公司登記在這裡。」

那李方偉這三個字他有印象嗎？

「我覺得那家公司好像不是登記在他的名字下，」劉先生道，「李方偉這名字我可能有聽過一次，也可能是在網路上看到他好像遇到什麼麻煩。他不是正在坐牢嗎？」

什麼？

「是啊，他因為一些事入獄了。」劉先生道。

什麼時候的事？關在哪？為什麼原因？關多久？但這些問題劉先生都答不出來。

我們實在太震驚了，只能面面相覷。我們終於來到調查的終點了嗎？怎麼會過去那些線人全都不知道這件事呢？或者其實他們全都知情，只是沒告訴我們。如果是這樣，那又為什麼不說？

第25章
芳春

從事調查報導有一條金科玉律：調查要由外往內。外指的是邊緣人物，內指的是核心關鍵人物。這條定律尤其適用於本書這類有明確核心人物的案子，這個人就是李方偉。

他就是整個調查正中心的那個點，而我們繞著他打轉。先是在外圍轉了幾圈，然後朝他越來越靠近。我們的想法是，在我們將外圍能夠查的都查完後才直搗黃龍。只有這樣才能在與他正面交鋒時做好最萬全的準備，也只有這樣才能讓卡爾・李無法再阻止他周圍的人向我們吐露真相。

過去數年間我們已經把想得到的專家都拜訪過一遍，訪談過官員和政府雇員，也找過科學家和專家交流過。去找過李方偉開設的那些空殼公司，但始終沒有跟在那些地方遇到的人多說自己的姓名，只說自己是德國來的記者，其他的一概未透露。藉此我們想要避免打草驚蛇，讓李方偉知道了是誰在找他。最後我們還找到了他工廠的確實地點，也看到了大量的石墨，這正是打造飛彈的原料。

現在時機成熟了，可以和李方偉來個正面交鋒，直接打進他的圈子裡。在調查的過程中，我們也收集到五六個屬於他的電話號碼。這些號碼是從那些被攔截到的電子郵件，或者是中國營業登記網站上看到或查到的。

二〇二一年夏天，在見過那座工廠後，我們回到中國東北的大連，在旅館中等在電話旁。我們沒離開大連，是因為我們想等萬一那個人突然同意和我們見面。我們拿出電話號碼，在中國人常用的微信上一個一個輸入，像是王桂俠，那位在塞席爾群島開設空殼公司的查哈陽人。想從他們在微信的個人資訊找到一些有用的線索，像是一些姓名、照片，或是更多的聯絡資訊等等。可惜的是一律都出現錯誤訊息。其中雖然有兩個號碼綁定微信，但除了知道使用人是男性以外，其他的一概查不出來。

不過還有一個在中國使用廣泛度不下微信的軟體「支付寶」。這個線上支付系統是網路集團阿里巴巴在二〇〇四年開辦的，藉此就可以在中國的線上購物網站淘寶匯款。只有當貨物真的到了消費者手中時，款項才會交付給廠商，就是一種第三方信託的概念。當時這個做法是種全新的概念。阿里巴巴創辦人馬雲當時預言：「終有一天」支付寶「會成為中國最大的銀行」。本來他的預言理當要成真的。在今天的中國實在很難想像沒有支付寶要怎麼生活。在中國不管走到哪裡，沒有這個軟體根本就沒辦法結帳買單。只要用手機條碼掃一下，就可以在超市或是餐館付帳。就連乞丐也會在紙板上印條碼當作行乞工具。

所以我們就在支付寶上查那些電話號碼。有符合的了，一個帳戶使用者的名字是「芳春」（Fangchun）。男性叫芳春並不常見。用拉丁字母拼的話，其中的「芳」字就和李方偉的「方」字同音。但在中文書寫上有一個明顯的小差異，那就是多了三劃。卡爾．李的「方」字在中文是「正直」或「方正」的意思，但這個「芳」卻是形容詞「芳香」或是「芬芳」的意思。再加上第二個字「春」，這個名字就意謂著「芳香的春天」。

按照常理這名字十之八九是女性。但基於該帳戶的資料，我們知道這是一名男性用戶的帳號。不管在微信上或是支付寶上都顯示為男性所有。

我們第一次注意到這種罕見的組合是在對卡爾．李網絡的三份法庭判決書中。這三次民事程序中，這位中國男士始終未出庭，而不管是在北京、上海或是南京，每一次出庭的都是一名與被告公司無關的人，既沒有持股，也非公司董監事，更非公司負責人。這個人就是李芳春，那位名為芳香的春天的男士。而根據法庭記錄，他是「律師，出生日一九六九年二月七日，男性」。就這樣我們有了卡爾．李律師的電話號碼。我們打算留到最後再去電給他。

我們收集到的第一個號碼沒想到竟是個大烏龍：「這個號碼無法接通。」第二個和第三個號碼也一樣不管用，早就已經停用。一直到第四個號碼才有位男性接電話，他說，他從來沒聽說過李方偉這個名字。

之後第五個號碼：排笛音樂響起而非撥號音。這種在中國很常見。有時候會聽到藍色多瑙河，有時是嬉哈音樂，但很少聽到古代樂器。

「哈囉，」另一端傳來和善的聲音，「是哪位？」

「我們是德國來的記者。您可以接受我們採訪嗎？」

「你們想要採訪我什麼事？」

「關於您的石墨生意。」

「媒體人。」他低聲說話。

「請問您高姓大名？」

「李。」

我們緊接著說：「李方偉嗎？」

「不是。」

「那您是李方東嗎？」

「沒錯，我是。」

「您是李方偉的弟弟嗎？」

「是的。」他答。

我們簡直難以置信，竟然和李方偉的弟弟通上電話了。一九七五年六月十四日同樣生於甘南縣，共同經營大連北方那座石墨工廠。至少自二〇〇四年起，李方東就是他哥哥企業的核心人士。兩人在那時創了大連中創冶金礦業有限公司，李方偉持有六成股份，他弟弟則持有其餘四成。該公司一直到二〇一二年才解散。

李方偉會找上親弟當親信，而且他極有可能也找了其他親戚和老朋友共同經營，這倒沒什麼好意外的。中國企業找家族成員和好友共同經營是常態。中國人通常不信任外人。這倒不是中國傳統習俗，而是文化大革命的遺害；那個卡爾．李出生的黑暗年代，中國還沒翻身的時期。加害者和受害者至今偶爾還是比鄰而居，結果就是中國人遇到陌生人就會抱持戒心，這樣的戒心一代傳過一代。年輕中國人從父執輩身上學到這種心態，也變得時時都對人保持戒心。

「您有幾家公司？」我們問卡爾．李的弟弟。

「我們有好幾家。」李方東答。

「你們和伊朗做生意嗎？」

「過去有做過。」

「你們和伊朗做過哪類生意？賣過他們哪些產品？」

「太多了，我記不清了。」他答，同時又說很多中國企業都和伊朗做生意。

我們追查卡爾．李的消息到這一刻有四年之久了。四年來，美國聯邦調查局出五百萬美金懸賞他，以色列摩薩德和中情局也在追捕他，至少有一位前美國總統出面要中國採取行動，而現在這位通緝犯最親的共犯竟然和我們開誠布公。

李方東顯然很清楚他哥哥的處境多糟。「我們開了好多家貿易公司。有些現在都還有營業，其他的則因為美國制裁的關係已經停業。」他說。

李方偉出口石墨和各式電子器材給伊朗有二十多年的時間，包括德黑蘭政府工程師核武計畫，尤其是飛彈所需要的材料；他們想要更長射程，最關鍵的是命中率高的飛彈。不論過去伊朗那頭的工程師缺什麼，管它是特殊強化的金屬或是石墨，卡爾．李都能夠幫他們弄過去。長久以來伊朗就想要得到最先進的陀螺儀，而就這麼剛好，一家李方偉所持有的公司就生產這類陀螺儀。二〇一四年李方偉在中國的人力網站上招募具有這方面專長的工程師。

「你們現在還跟伊朗做生意嗎？」

「細節我不清楚，」李方東答，「我只管生產。」

「你可以幫我們和李方偉取得聯繫嗎？」

「這就很難說了。看看吧。」他弟弟道，他現在人也不在大連，而是到江蘇去出差。他說自己得掛電話了，跟我們道別後就掛斷了。這通電話講了九分鐘十六秒。

在三年半前在哈佛大學校園一家酒吧第一次聽到卡爾．李這個名字後，我們終於有機會和可能是李方偉最近的親信講了將近十分鐘的電話。太不可思議了。我們看著彼此，臉上充滿不敢置信的表情。我們重聽了一次剛剛的電話錄音，一字不漏地仔細聽著。為什麼他願意和我們說上這麼久的話？

接下我們試著想找到李芳春這個有著女性名字的男性，這是我們列為最後一個打的。他一下就接起電話。我們向他自我介紹說是德國來的記者，並直接問他可否見上一面。沒想到他竟然沒有掛掉。

「您是說，你們是德國來的記者？」李芳春反問，「那請問你們想知道些什麼？」

我們趁機告訴他，我們想要跟他談他參與過的那幾個官司，像是大連特瑞告北京那家公司電腦處理器採購案的官司。那件官司中，原告向中方法庭出示了美國聯邦調查局的通緝海報，以佐證被告是一個品德有問題的人。

「你們是怎麼得知這個案件的？」李芳春問。我們向他解釋是從網路上得知，這是公開的資訊。

「所以你們是說，大連特瑞的資訊可以在網路上找到？」

正是如此，我們向他解釋，這類東西可以在法院資料庫找到。

這讓他有點糊塗了。「你們是中國人嗎？」他突然間這麼問。

「不是，是德國人。」

「你們中文很好，」他稱讚道，然後就突然結束了對話，但結束前問了：「我回撥給你們可以嗎？」

我們等了半個鐘頭，又再打給他：「哈囉，我們又打來了，剛剛的德國記者。」

「喔，哈囉！」他道，心情聽起來挺好的，「你們想知道些什麼？」

「我們想請問你們和伊朗貿易的事。我們打算報導中國和伊朗雙邊貿易關係的事。」

「我們跟伊朗已經很久沒合作了。」李芳春道。

「那您現在從事什麼工作呢？」

「國內生意。」

「不做國際貿易了？」

「不做了。」

「您現在有哪些客戶呢？」

「國內鋼鐵廠。山東泰山鋼鐵集團（Shandong Taishan Steel）或是河北唐山鋼鐵集團（Hebei Tangshan Steel）之類的。」

「但您還在美國制裁名單上……」

不同於弟弟李方東說話坦率，李芳春卻佯裝不知情：「我不太懂你們在說什麼。」

「關於美國制裁的事您怎麼說？」我們不放棄。

「什麼？我不懂您意思。」

「您對美國的處置有何想法？」

李芳春乾笑了一聲，「無可奉告，」他道，「你們還想知道什麼？我們不再做出口生意了。都只做國內生意。」

「您可以幫我們安排和李方偉接觸嗎？」

「我沒辦法聯絡上他，」他答，「現在我有你們的電話號碼了。要是有什麼想跟你們說的，會和你們聯絡的。」他說罷就結束了通話。

李芳春和李方東這兩個可能是卡爾．李最重要的班底和我們通上電話了。經過多年來的追蹤，我們竟然這麼接近神祕軍火商李方偉，甚至比西方情報單位還要近。我們希望接下來很快就可以釐清關鍵問題：這位李方偉真的是那位神出鬼沒的超級罪犯，賺了數百萬美元，還可能會造成以色列和其他國家滅亡的關鍵人物嗎？還有，他是自己的老闆，還是他上頭有更大的主腦？

第26章
宛如電影情節

時序來到二〇二二年，拜登總統坐鎮華府，我們已經追查卡爾．李長達四年的時間。當我們在二〇一八年剛聽說他這個人時，以為這個調查會輕而易舉。美國前聯邦調查局分析師亞倫．阿諾德主動聯絡上我們，因而讓我們留意到李方偉這名中國商人，而美國政府前高階官員范狄本或是康垂曼等人也立刻答應和我們見上一面，我們從「巴拿馬文件」中查出卡爾．李眾多公司的下落，也很快就知道各國情報單位包括以色列摩薩德、英國軍情六處和德國聯邦情報局也都在追捕這名中國軍火商。現任美國國務次卿同意接受我們採訪，就連時任美國國務卿的龐佩歐和前中情局局長似乎都願意為此和我們一談。

接著突然間像懸疑片情節一樣，一個接一個的意外轉折。原本常在推特上提到卡爾．李的國務次卿克里斯多福．福特反悔不談了，換成川普的伊朗特使布萊恩．胡克接受採訪，卻不願意回答任何關於卡爾．李的問題。

之後幾個禮拜我們一直在想採訪胡克之後一名線人對我們說的話：這些突如其來的轉變

表示「事情有下文了」。但我們一開始並沒把他的話當一回事，覺得那不過是不負責任誇大其詞。

我們問了那些調查過程中接觸過的專家學者，是否真的有下文了。還到處打聽。但都沒人聽到什麼消息。

美國方面沒有消息，英國也是，以色列和德國也一樣。到處都無功而返。

我們在網路上一筆一筆找，想看最近去職的美國政府官員，並列出一張可能知情的卸任官員表。再一一與他們聯繫，但卻不斷撞牆，一次又一次地撞牆。就算願意接我們電話，但只要一聽到卡爾・李的名字，他們的回答要不是「無可奉告」就是「不記得了」。

不過這事不只我們遇到。被人戲稱為「諜報靈通人士」、「間諜通」的美國記者傑夫・史坦在華盛頓情報圈消息一向靈通，他也和少數幾位追這新聞的記者一樣一無所獲。二〇一九年他寫了一篇文章披露川普政府因為卡爾・李的事對中國不悅幾個月後，他就一直想知道美國政府想用來引渡卡爾・李的「規劃縝密、一絲不苟的計畫」之後的進展。

他接洽數月前邀他在白宮隔棟大樓去聽關於卡爾・李簡報的官員。「我問他們，目前怎麼樣？」傑夫・史坦在華盛頓和我們見面時說。但那些官員要不是不肯多提到這名中國軍火商，就是患了「突發性失憶症」，再也想不起卡爾・李這個人。哪個卡爾？他們會這麼反問。

就連川普落選後由民主黨拜登主政，傑夫・史坦再去詢問也一樣一問三不知。只要一提到卡爾・李，華府上下就一片靜默。

這究竟是怎麼回事？卡爾・李是發生什麼事了？

傑夫・史坦有一套自己的假設，頗荒謬的：「可能我們成功策反卡爾・李了。」他這麼說。這裡的「我們」指的是美國。「可能他現在變成自己人了。」

卡爾・李是一名雙面間諜，而他最近還把中國的情報送交給美國？

「我沒有證據，」傑夫・史坦道，「但我自己曾是情報員，多年來也都在報導中情局和其他情報機構的新聞。」他知道情報單位的手段和心態。「我找不到其他合理的解釋，為什麼美國會突然間不再提這個人。」但有件事倒是很清楚，要是卡爾・李成為雙面間諜，那他就再也無法在中國待下去了。多年來美方有數十名在中國的間諜因為風聲走漏而被處死。

當我們再和中國那些接洽窗口聯絡，想從他們那裡知道他們是否已經得知卡爾・李的命運，或者聽到風聲的同時，就連神祕網站 whoislifangwei.com 也突然間關站了。過去幾年大聲談論李方偉的所有人，全都忽然偃旗息鼓閉口不談。

這時我們想起亞倫・阿諾德在首度見面時講過的一句話：「想找到這案子的答案，通常只會換來更多疑問。」這成了卡爾・李謎團。

但我們突然又撞見一條新線索，在中國版的維基百科上看到的。那裡頭關於卡爾・李的訊息全都是我們早就已熟知。我們一次又一次詳讀上頭的文字，想找到可以提供進一步調查的線索。但現在我們看著該維基欄目的過去修改歷史。這個修改歷史可以看到過去每一筆修改的記錄，由誰、在何時新增或刪除哪些資訊，都看得一清二楚。比如過去就有其他記者用這個方式來查出哪些公司、政黨以及公關公司在維基百科篡改了哪些欄目條文。據他們的報導，一個來自德國能源生產商萊茵集團（RWE）的 IP 位址，就曾在維基針對包括核電廠在內的幾個欄目中進行篡改；一個來自屬於戴姆勒集團（Daimler AG）的公司 IP 位址，則有人去刪除了該汽車製造商過去與納粹有關聯的內文。

而如今我們就在李方偉的中文維基百科網頁版本歷史中找到了一個非常有意思的細節。在二〇二一年一月八日六點五十八分時，有位用戶增加了以下訊息：「二〇一九年四月李方偉被大連警方以涉嫌走私禁止進出口貨物罪名逮捕。時至二〇二〇年底為止，李方偉都還被羈押在大連市。」這名用戶還詢問維基社群，是否該將頁面上卡爾．李受到中國政府保護這部分的文字刪除。畢竟這已經不符現實。

卡爾．李入獄了？這個發展也太戲劇化了吧。但不合理的是，中國網路上到這時卻查不到半點卡爾．李入獄的消息。沒有文章，連一句話、一行字都沒有。

修改文章的人是誰？這位匿名作者用戶名是 2001:470:a:3b4::814，他過往在維基的記錄都是在修改撰寫古代中國王朝的文章。這名用戶的名字就是他的 IP 位址，但追查該 IP 卻只是 VPN 供應商這種會篡改用戶來源的翻牆軟體。但因為中國國內看不到維基百科，所以翻牆是唯一辦法。看來這線索也是條死胡同。

然而這卻是我們第二次聽到他入獄。可不是被那位在大連市花園裡摘新鮮榔瓜的男士說中了嗎？那位劉先生早就跟我們說了，卡爾・李入獄了，不是嗎？

更教人吃驚的是，在該段文字出現三十一分鐘後，整段文字又全都消失。七點二十九分時一名 2001:470:a:3b4::814 的用戶將卡爾・李被囚細節一併刪除，原因是他沒有明確的來源依據，因此還是別寫上來比較好。

我們將這段被刪文字的訊息轉給了那些情報單位和研究中心的專家。顯然這事他們也沒注意到，所以也沒法對我們說明。他們無法加以證實卡爾・李已被關押。

因此我們決定要再次打電話給在大連的兩隻電話，也就是他弟弟李方東，和他的律師李芳春。

李方東電話跟之前一樣，用的還是排笛答鈴而不是撥號聲。但這次音樂卻一直播，另一端始終沒接聽。

幾個小時後我們換了另一支李方東以前沒看過的手機門號再撥給他。一樣的排笛答鈴響起，還是沒人接聽。

隔天我們又試了第三遍，這次變成連排笛答鈴都沒有了。代之而來的是中文和英文的語音訊息：「沒有您撥的號碼。」聯絡不上李方東，他的門號註銷了。

不過李芳春這位有著女性名字的男士倒是接了電話。「哪位？」他對著話筒吼，我們自我介紹後，對方就一連串拋來許多問題，透露著不友善：「你們為什麼還要打來？」「你們從哪裡問到的？」「你們憑什麼認為我可以幫你們？」他的態度和上次宛如天壤之別，不肯多講。當我們問到他是否知道李方偉現在人在何處時，他卻只反問：「你們想怎樣？」

我們再次表明想要和李方偉取得聯繫並與他說上話。「你們想知道他任何事，我都可以告訴你們。」李芳春這麼答道。既然如此：「我們想要看看您和李方偉與伊朗公司交易的記錄。」我們告訴他。他再次反問，而且連續問了三個問題：「你們是誰？你們說你們是記者？記者該管這種事嗎？」

最後這個問題我們很直接回答是，更表明我們已經調查這件事長達四年，卻始終沒有獲得要找的答案。接著就直接問他可不可以和他見面。

他的回答依然很簡潔。「現在不行，現在不方便。」我們不放棄：「您現在哪裡？」我們問。

「等我想找你們我再打過去。同樣這個號碼嗎？」

我們答是。

「好，要是我想說，我就跟你們聯絡。」

我們又繼續追問會是什麼時候。

「不是現在。」李芳春吼道。聽起來已經失去耐性了。

在他掛斷前我們又試了一遍：「您知道李方偉現在在哪嗎？」

「這我不能跟你們說。要是我需要你們，會打這號碼跟你們聯繫。」

這時我們殺他個措手不及，我們搬出他入獄這個假設來測試真假。

「我們聽說李方偉現在被關了，這是真的嗎？」

他再次用反問回答：「是誰告訴你們的？」

道聽塗說，聽路人甲講的，我們不正面回答他。但我們不確定，也不知道是哪個國家囚禁了李方偉。

「現在不適合跟你們說這些。」他答。

「我想跟你們說時就會跟你們聯絡。」這次他直接掛斷電話。

這怎麼聽都不像斷然拒絕。

第27章

出兵烏克蘭

二〇二二年二月二十四日黎明前夕，俄羅斯總統弗拉迪米爾．普丁對人民發表演講，隨即第一枚飛彈擊中烏克蘭。數萬俄羅斯士兵越過俄烏邊界，俄國坦克來到基輔城外，飛彈如「雨下」，《路透社》這麼形容。普丁發動了自從第二次世界大戰以來沒有任何歐洲國家遭受過的最大型攻擊行動。

於是飛彈和戰爭突然間再次成為歐洲的常態。數年來，要是提到飛彈襲擊總是先想到以色列，現在德國本土距離大規模飛彈攻擊和成千上萬死亡的地區不到數百公里了。

德國人突然開始計算，俄國打到烏克蘭的飛彈射程是否也可以到達德國本土。結果是當然可以，有爭議的只是擊中柏林要五分鐘還是一百零六秒，這是一位俄國電視脫口秀來賓恐嚇德國觀眾的話。德國聯邦政府因此開始考慮要效仿以色列購買飛彈防禦系統。但要等到真的可以部署，會是好幾年後的事了。

數萬烏克蘭人越過烏國邊境逃離恐怖戰場，但還有數百萬烏克蘭人民堅守祖國，一意反攻。「烏克蘭的命運就看現在了。」烏克蘭總統澤連斯基在戰爭開始第一時間對人民的演講中這麼說；烏克蘭人民也在他的呼籲下開始抵抗俄軍。普丁一心以為此戰可以速戰速決，他低估了烏克蘭的實力。在戰爭開始頭幾日，烏克蘭士兵靠著埋伏襲擊俄軍的補給車隊，使用反坦克火箭炸毀了一架又一架的俄國軍車。玩家創意改造業餘無人機，讓它們可以飛到俄軍上空投擲手榴彈。透過群眾募資他們從土耳其購買到軍事無人機。而西方國家在短暫遲疑後也開始運送軍備到烏克蘭：德國運來頭盔、坦克和高射砲，瑞典運來反坦克火箭筒，荷蘭送來榴彈砲，波蘭送來手榴彈、但最重要的則是防彈裝甲車和飛彈發射裝置。

這之後每天新聞頭條讀到的都是飛彈、死亡、痛苦和絕望。俄國從戰爭初期以來朝烏克蘭發射了成千上萬顆飛彈，這些飛彈擊中住家、購物中心，造成成千上百平民死亡。光是哈爾科夫（Charkiw）、頓內次克（Donezk）和梅科萊夫（Mykolajiw，俄語名譯為尼可拉耶夫）就被擊中數百顆飛彈。有幾顆甚至很顯然差點擊中烏克蘭的核電廠。這種惡夢般的恐懼立刻感染了整個歐洲。

俄軍從軍艦、潛艇、飛機和行動飛彈發射器發射飛彈，飛彈戰是無遠弗屆的。好多次俄軍甚至都已經部署了讓人聞風喪膽的超音速「匕首」（Kinjal）型飛彈了。二〇二二年九月普丁更毫無忌憚地以核彈恫嚇。「這不是嚇唬人。」一次對俄國全民演講時他這麼說，但事實上他是講給西方國家聽。

當全球都在關注烏克蘭的同時，伊朗的情勢也逐漸升高。早在二〇二二年春以前，跡象已經越來越明顯，德黑蘭當局即將擁有足夠製造核彈所需的高度濃縮鈾。國際原能總署的調查員多次走訪伊朗都發現他們有可疑的鈾原料進口，但伊朗當局完全沒有在「技術上提出可信說明」，原能總署幹事長拉法葉．馬里安諾．格羅西（Rafael Mariano Grossi）在報告中這麼說。但他也說無法據此斷定伊朗重啟祕密核武計畫。

雖然伊朗和美國，包括德、英、法、俄在內的歐盟還有中國代表就新版本的限核協議商談數月，但是談判的跡象顯示不樂觀。伊朗革命衛隊的領導人胡笙．薩拉米（Hussein Salami）在二〇二二年四月時曾宣布，西方對伊朗的制裁讓伊朗更為壯大，他威脅要以色列小心，不然就會「承受飛彈的苦果」。「我們已經邁入全新的時代，」薩拉米道，「邪惡勢力的太陽已經西下。」伊朗當局則宣布，要拆掉國際原能總署安裝在伊朗核能工廠走道上的那些遠端監控用的監視攝影機。長久以來伊朗軍隊早就已經展示過卡西姆飛彈（Shahid Haj Qasem），這是一種射程更遠可直達特拉維夫的飛彈，還可能可以克服以色列的飛彈防禦系統。

美國和以色列的專家懷疑伊朗革命衛隊已經開發出更多樣的飛彈型號，並統一用不實的名稱稱為「太空計畫」。比如在二〇二二年六月間，伊朗國內報紙就引述伊朗國防部長的話，稱伊朗一顆名為「索夏娜」（Soldschanah）的火箭試射成功，據稱能將研究衛星發射至太空。西方國家卻擔心火箭上某些零件哪天可能被運用在核子飛彈上。

在維也納舉行的核子協議一點也無法嚇阻伊朗。伊朗一心只想要聯合國將其革命衛隊從制裁名單上除名，但卻被美國否決，因為革命衛隊的危險性太高了。華府方面唯一可以接受的是刪掉名單上幾個菁英部隊。華府開出條件：伊朗和其盟國不得再攻擊美國在近東的軍隊。這下又換成伊朗不同意。

協議就此陷入僵局。

同時伊朗科學家和革命衛隊士兵接連因不明原因死亡。短短幾週的時間，阿里・卡曼尼（Ali Kamani）、穆罕默德・阿布督斯（Mohammad Abdous）和佛哈布・法拉瑪齊安（Vahab Faramarzian）相繼離世。這三人生前都在伊朗飛彈與無人機計畫中工作。一開始都說他們死於車禍，可是都會加上「值勤期間」的字眼。革命衛隊哈珊・塞亞德・霍達伊（Hassan Sayyad Khodaei）則是在二〇二二年五月在德黑蘭自家門前遭人持槍暗殺。

英國海軍則是查獲一艘滿載著伊朗飛彈的船艦，可能是要運給葉門青年運動士兵使用的。幾週後的二〇二二年七月間，英國駐伊朗代表曾一度遭到逮捕，罪名是間諜罪。

他的被捕正好和（可能是巧合）倫敦一場讓人印象深刻的記者會同時。當時英國國內情報局軍情五處局長肯・麥卡勒姆（Ken McCallum）以及美國聯邦調查局局長克里斯・瑞伊（Chris Wray）共同舉行這場記者會。他們在會中提醒世人提防中國。「我們當前所面臨最大主要挑戰來自中國共產黨，」麥凱倫道，「雖然講得很籠統。但挑戰卻是貨真價實又嚴重。

我們必須要面對它。一定要有所行動。」與此同時，俄國正在攻擊烏克蘭，聯邦調查局局長瑞伊更主張，現在務必要讓大家知道，從長遠來看中國的危險遠超過我們所認為：「我們始終認為中國政府對我們的經濟和國家安全有著最大且長期的威脅。」

從這個角度來看，或許俄烏戰爭正是未來的寫照：如果北京當局決定要入侵台灣的話會發生什麼事？西方國家會再次團結，還是會坐視中國自行其是？

俄烏戰爭若從這個角度來看非常之重要，許多專家就強調，因為北京當局可以從中得知西方國家的反應，哪些國家團結在一起，哪些國家有所遲疑，又有哪些國家換邊站。

這場戰事讓一個新的壁壘加速成形。俄國一發動侵略，一方面，原本以為幾乎已經不存在的西方陣營重新團結，另一方面，一個由俄國、中國和伊朗所組成的新軸心國也形成。這三個國家之間的合作益發緊密，經濟上如此，軍事上也是如此。

二〇二二年七月伊朗革命領袖哈米尼才不過去了一趟克里姆林宮見普丁，立刻變成好像俄國政府的發言人一樣：俄國一定要先發制人進攻烏克蘭，以免被奪得先機，伊朗最高權責機關這麼說。不久後外界開始有報導流傳，指伊朗正在給日漸感受到烏軍反擊壓力的俄軍提供軍備武器。《華盛頓郵報》更引西方情報單位提供的線索證實，伊朗在八月十九日派遣運輸機載運了戰鬥無人機給俄國。數週後，來自烏克蘭方面的線索則指已有一人被這種無人機殺害。從那天起，幾乎沒有一天是沒有伊朗無人機滿載著炸彈朝烏克蘭城市轟炸。真真實實的

「大規模轟炸」，打得烏軍的防空系統毫無招架之力。

差不多在同一時間，烏克蘭情報單位指出，俄軍從二月戰爭開打以來，短短六個月的時間已經打掉了其所有傳統飛彈的半數。二〇二二月夏天又有消息傳出，指伊朗不久也會給俄國供應飛彈。這一來就等於卡爾・李運往伊朗的零件所製造的飛彈，一下子都可以打到歐盟來了。而除了伊朗以外，俄國本身擁有具攻擊力核彈頭的事更是長久以來舉世皆知。據斯德哥爾摩國際和平研究所（Sipri）的報告，俄軍軍火庫中共擁有五千九百七十七顆核彈頭。

這一來也就讓卡爾・李本人下落一事更顯得重要。

他真的入獄了嗎？

在中國的司法資料庫中至今查不到對他的公開判決書。要一座一座中國監獄打電話找人太不切實際，因為中國有數千座監獄，而且其監獄管理單位更是一問三不知，連一些基本的問題都無可奉告。機緣巧合的話，會有些足智多謀的人權律師能夠問到被關押的西藏人、維吾爾人或是異議人士的消息。但這類情形都是個案，這些律師通常都有來自入獄者家屬的支持和簽名。可是卡爾・李的家人不會肯幫我們查出他的下落，他們憑什麼要幫我們？

況且中國又不是法治國家，法律條文有太多模糊空間，總是因時因人制宜。要是國家想隱瞞什麼事，那外人什麼也不可能知道。如果中國以非法出口軍火的名義囚禁卡爾・李或甚至加以判刑，就可能會做得神不知鬼不覺。

二〇一四年時，中國政府都還在護著他，中共黨媒更駁斥外界對他的指控全無根據。或許是因為這樣，所以中國政府現在只好保持緘默，畢竟這總比態度一百八十度轉變惹人非議好。

但說不過去的是，為什麼聯邦調查局對於卡爾．李的追捕始終沒有放棄，明明華府那頭理應早知他入獄了不是嗎？

第28章
驚人的結局

在俄國對烏克蘭發動攻擊一個月後，我們再次啟程前往美國。這次赴美距離上次美國當時的國務助卿克里斯多福．福特臨時退採訪已經三年過去。這次我們再次和他取得聯繫，因為我們相信，他知道華府突然間絕口不提卡爾．李的原因。

我們跟他約在華府郊區小城畢士大（Bethesda）見面。福特跟我們所看過的照片一樣打了領結，但他本人比起照片或影片裡的樣子都要更古怪。話聲輕柔但抑揚頓挫，聽起就是頂尖學府出身的人，而且還不只念過一間，而是三間；他在哈佛以第一名畢業取得學士，之後博士則在牛津念國際關係，之後又從舉世聞名的耶魯法學院畢業。他在一九九〇年代中期開始為共和黨參議員工作，二〇〇三年在小布希總統任內轉進入國務院。福特在那裡共同負責武器控制，也剛好就在這個時期美國開始注意到卡爾．李。

之後福特被共和黨下一位總統川普徵召入閣。讓人意想不到的是，這位在兩黨都極受敬重的學術菁英竟然能夠忍受川普的揶揄嘲弄這麼久。福特一開始是川普在國家安全委員會的

「特別助理」。在國務助卿湯瑪士·康垂曼去職後，他接替了國務院的工作。一直到二〇二一年一月八日，敗選的川普煽動忿怒的暴徒闖入國會大廈兩天後，福特終於提出辭呈。「我無法再待在這樣的政府工作，」他的告別信這麼寫道，「竟然有人這麼明目張膽地坐視，甚至煽動他人用暴力動亂來破壞我由衷愛護，且發過神聖誓言要支持並保護其憲法的國家。」福特這封辭職信在當時被觀察家視為是他疏遠川普所領導的共和黨的重要證據。

但這並不是我們此行目的。我們想要知道的是，為什麼克里斯多福·福特在二〇一九年夏天突然不再在推特上提到卡爾·李。

「我們決定不再在推特上提到他了，」福特發出尖銳的笑聲，「我能說的就這麼多。」我們又換了稍微不同的方式問這個問題。福特表示，他當時是希望透過美方把焦點放在卡爾·李身上，能讓中國政府阻止卡爾·李的部分供應網，或者讓他不再供貨，就算是讓美方沒話可說都好。至於他的希望是否成真了，福特卻不願多談。他只是笑著說：「我知道這沒能幫你們多少忙。」

他踩住這個底線不退讓。整個採訪過程中，其他方面他都很願意多講。因為對福特而言，聰明人一看就懂，卡爾·李不過是顆棋子，後面還有更大的勢力，比他更凶險。「就算明天突然一顆隕石砸死李方偉，」那凶險也不會消失，他這麼說。因為真正的問題是他所擁有的供應鏈。那供應鏈中有最好最有經驗的公司和人脈，它們要不享有中國政府的保護，不然至少是獲得其許可從事那些事。

到現在我們追蹤卡爾・李的下落已經將近五年之久。這一切都起自那位前聯邦調查局分析師亞倫・阿諾德的指點，以及那幅在聯邦調查局頭號通緝犯海報上的模糊畫像。我們追查了卡爾・李的金錢流向，也找出他的親人，還可能是第一位查訪他公司和工廠的記者，也和在美國、英國、德國、以色列等地方追查他的人見過面。隨著採訪次數增加，他那精明、不擇手段的經商樣貌就越發明顯。他的公司從無到有，迅速成為國際上如伊朗等失控國家飛彈和核彈製造者最方便齊全的供應站。不論這些人需要什麼，卡爾・李都能夠提供。相對於其他軍火商可能只專精於某類產品，或者只是充當仲介商，卡爾・李卻是不僅轉手商品，自己也生產。靠著他一次又一次提供的陀螺儀和大量的石墨，伊朗飛彈越來越精良，射程越來越遠、越高，而且還更精準。伊朗飛彈不再遠遠落後其他國家。

有跡象顯示卡爾・李被中國政府從軍火供應鏈移除了，可能原因則是中國和美國正在商談某種協議。因為美國政府絕口不再提卡爾・李的時機，正巧也是中美貿易大戰最激烈的時期。身兼國家主席和總書記的習近平對川普姿態放軟：中國領導人對美國讓步，以免後者祭出懲罰性關稅。是因為這樣換來了卡爾・李的入獄嗎？

如果真是如此，那為什麼沒有公開？答案可能相當簡單：中方不想事情被外界所知，畢竟他們多年來一直不讓他國介入這件事。要是現在突然間揭露卡爾・李入獄，外界可能會留下中國屈服於西方壓力的印象。

而另一方面美國也有不能說的理由：只要卡爾・李一日未被帶到美國法庭上，那就應該持續發布通緝令才說得過去。又或者雙邊之所以都保持緘默是協議的結果，這樣中國才不會沒面子。

除開一些策略性的考量，美方對李方偉的通緝主要用意在嚇阻：凡是在這上面動腦筋的人看好了，這就會是你的下場。

但事實上他的軍火走私生意依舊在運作，這一點我們很確定，不少卡爾・李名下的公司至今依然在營運。我們在他大連那間工廠空地上看到堆放的無數石墨柱，成堆成堆的，很明顯就是準備要上船託運了。我們也獲得線報，許多船運長久以來都沒有被攔截過。

伊朗做為卡爾・李的大客戶，在這段期間又再度增強軍備，還擴大其做為武器出口商的生意。二〇二二年十月間，國際原能總署總幹事葛羅西更公開伊朗目前又在第二個地點開始提煉濃度百分之六十的濃縮鈾。早在此前伊朗就已經在納坦茲生產足夠用做核彈頭原料的濃縮鈾，於今又增加了產量。這完全不是基於「民生目的」的生產，德國、英國和法國政府在共同聲明中譴責伊朗的作為。

這同時，伊朗生產的無人機也依舊大量賣給了俄國，俄國將士兵送到伊朗訓練。而彷彿這還不夠嚴重：據《華盛頓郵報》的調查，早在二〇二二年九月就有多名伊朗政府高層前往莫斯科，為伊朗軍售俄國飛彈簽約。伊朗代表團回國後，一名未具名的伊朗外交官對《路透社》說明：「俄國表示希望獲得更多的無人機，並希望獲得命中率更高的伊朗彈道飛彈，尤其是「征服者」（Fateh）和「真主之劍」（Zolfaghar）飛彈。」不到幾天，俄國總統普丁就致電伊朗官員易卜拉欣・萊希（Ebrahim Raisi），表達希望「在政治、貿易與經濟上合作」，克里姆林宮方面這麼宣布。這個訊號非常清楚：俄國和伊朗再次展開合作。據未經證實的報導指出，伊朗甚至給俄國送了武裝無人機，也派了軍事顧問前往俄國，做為其支持俄國入侵烏克蘭的行動。當本書寫到這裡時，伊朗製的飛彈應該已經送抵俄國。可能就是這段期間朝基輔或是其他烏克蘭城市發射的那些飛彈。

正如慕尼黑飛彈專家馬庫斯・席勒（Markus Schiller）所言，伊朗製飛彈改變了俄烏戰爭中的遊戲規則。因為儘管俄國擁有全球第二強大的軍力，卻缺少伊朗這樣的飛彈。原因在於蘇聯和美國在一九八七年曾經簽署所謂的「中程飛彈條約」（Intermediate Range Nuclear Forces Treaty）。「中程飛彈條約」目的是要減少美俄兩國射程五百到五千五百公里中程飛彈數量，並承諾不再生產，但美方在二〇一九年退出了該條約。反觀伊朗卻從公元兩千年後開始在卡爾・李的協助下，大量擴充了其中程飛彈的軍火庫。

「伊朗在過去數年間不斷讓人看到其飛彈能夠在距離數千公里之外依然精準命中目標。」席勒道。依其估計，這將會對俄烏戰爭中的俄國提供很大的助力：「這讓俄國可以從其領土發射飛彈，並輕鬆擊中烏克蘭西部。」但目前俄軍受限於飛彈有限射程，被迫必須從占領的烏克蘭以及白俄羅斯領土上發射多數飛彈，而目前其飛彈也無法射及西烏克蘭地區。

一旦這情形獲得改變，那就意味著德國和其他國家送往烏克蘭的飛彈發射器和其他武器面臨了更大的危險挑戰。因為這些武器多半會擺在西烏克蘭，因此會遭到俄國火力更猛烈的針對。除此之外，德國和其他國家製造的飛彈防禦系統雖然可以有效抵擋俄製巡弋飛彈的來襲，卻無法對抗伊朗飛彈。據一名烏克蘭軍方發言人的說法，目前「並沒有有效防禦」可以抵擋伊朗飛彈。

「伊朗將飛彈運抵俄國將會造成戰爭情勢升級，同時也會擴大影響到中東地區以及伊朗和美國之間的關係。」席勒道。

美國、歐盟和加拿大已經因為伊朗提供俄國無人機對其祭出更進一步的制裁。突然之間，除了伊朗的宿敵美國和以色列之外，其他歐美國家也加入，成為伊朗穆拉政權針對的對象。所有的敵國，或者如伊朗革命衛隊總司令胡笙・薩拉米所言，「世界上所有的撒旦」全都集結起來了：「美國、英國、沙烏地阿拉伯和其他國家。」同一時間，在伊朗有數千人不分男女每天走上街頭，示威抗議德黑蘭獨裁政權，裡頭更有上百人因為遊行而被伊朗維安部隊殺害。伊朗政權遭受內憂外患的壓力與日俱增，對他國的威脅也持續升高。

美國和中國的緊張情勢也再次升高。二〇二二年夏天美國前眾議院議長南西・裴洛西宣布要前往台灣，中國的大外宣口氣變得非常強硬。當時中國黨媒《環球時報》總編在推特上更揚言，不排除派遣人民解放軍將裴洛西專機擊落的可能。裴洛西專機為安全起見，還因此不從吉隆坡直飛南中國海到台北，而是繞了個大彎飛經印尼雨林，然後沿著菲律賓外海，盡可能避著中國飛行。而裴洛西前腳才剛踏上台灣土地，中國就舉行前所未見的大規模軍演。中國更首度射出飛彈直接穿越台灣上空而過。

兩個月後，情勢再次升高。二〇二二年秋季舉行的中國共產黨第二十次全國代表大會上，習近平鞏固了領導權力。他身邊如今只剩下唯唯諾諾的佞臣，眼前再沒有人敢出言反對他高張的民族主義作風，就連口吻相對較溫和都不行。中國要擴張其「國際影響力、魅力和創造力」，習近平在演講中這麼說。要壓制他似乎不再可能了。不管是和他簽訂國際條約和協議，或是訴諸聯合國決議文或是調查，都無濟於事了。

最讓人印象深刻的北京作風，就是當聯合國人權事務高級專員辦事處在二〇二二年八月底發表一份報告指出，中國政府在西北新疆地區全面性地騷擾、迫害並囚禁數十萬維吾爾人後，北京當局怎麼回應此一指控呢？中國外交官沒多久就在聯合國人權理事會聯合盟國，以十九對十七的多數表決同意通過，否決了對該項報告的討論。之後就再沒有其他國家敢擋中國的路，去向他提起應該守法的事；也不敢再提起要他阻止危險軍火商卡爾・李的作為。

同時間，不管是俄國或是伊朗或是其他國家，對於飛彈的需求卻都不見減少。只要中國不停止供應，這些需求就會持續增加。而且我們可以大膽推測，就算卡爾．李去坐牢，也還是會有別人接替下去。他的公司依然在生產，也依然在出口。

即使這樣，至少現在全世界都知道李方偉這個人了，也知道他別名卡爾．李，也看到他的臉了。隨著這本書的出版，大家也都知道他的故事了。

致謝

這本書最後的一行，是等了好幾年時間才終於有辦法落筆。這漫長的調查過程中，有許多的專家、記者、友人，尤其是家人給予我們支持。沒有你們的支持，不可能有這本書的出版。

感謝英國智庫皇家三軍聯合研究院以及哈佛大學貝爾弗科學和國際事務中心的亞倫・阿諾德和詹姆斯・拜恩（James Byrne），同樣也感謝倫敦國王學院的丹尼爾・沙茲伯里、菲利克斯・呂哈特（Felix Rüchardt）和丹尼爾・劉（Daniel Liu），詹姆斯・馬丁非擴散研究中心（James Martin Center for Nonproliferation Studies）的伊恩・史都華、華府的美國戰略暨國際研究中心（Center for Strategic and International Studies）的沙安・夏伊克（Shaan Shaikh）、保衛民主基金會（Foundation for Defense of Democracies）的安東尼・魯吉耶洛（Anthony Ruggiero）、數據分析公司沙雅利實驗室（Sayari Labs）的麥可・福特（Mycal Ford）、學術暨政治基金會（Stiftung Wissenschaft und Politik）的林小仙，以及威斯康辛核武管制研究計畫（Wisconsin Project on Nuclear Arms Control）的瓦勒莉・林西。此外也感謝湯瑪士・康垂曼、范狄本。克里斯多福・福特、布萊恩・胡克、亞當・考夫曼，他們允許我們一窺美國當局對於卡爾・李追捕的種種面相。

我們感謝 Emily Landauer、Uzi Rubin、Tal Inbar、Arye Sharuz Shalicar、強納森・康里克斯、Amos Gilead 以及雅可夫・阿米德羅爾這麼客氣招待我們，並分享了以色列對於卡爾・李一事的觀點。以色列駐柏林大使傑瑞米・伊薩哈羅夫（Jeremy Issacharoff）和其媒體祕書席兒・吉迪恩（Shir Gideon）讓我們的以色列採訪行程輕鬆許多，還幫我們安排和以色列高層官員和情報單位聯繫。

深深感謝中國當地接受我們訪談的對象和線人，以及協助的大家。他們知道我們指的是他們，只是因為考量到其人身安全而無法在此提及姓名。

在這裡也要感謝所有提供我們情報的情報官員和士兵，雖然我們無法提及他們的姓名。

我們要感謝約翰尼斯・施密特（Johannes Schmid）讓我們進入慕尼黑安全會議，更在許多方面動用人脈給予我們協助。

以「飛彈之光」這個暱稱為人所知的馬庫斯・席勒讓我們瞭解了彈道飛彈的奧祕。我們感謝他的耐心，為我們細細解釋了固態燃料飛彈和液態燃料飛彈的差別和影響。

組織犯罪與貪腐舉報計畫（Organized Crime and Corruption Reporting Project, OCCRP）、高

級國防研究中心（Center for Advanced Defense Studies, C4ADS）、磐聚網（Panjiva）、德國學術與政治基金會以及國際調查記者同盟（International Consortium of Investigative Journalists, ICIJ）的記者同業都給予我們許多的支持和協助。感謝大家！

本書是靠全世界記者的準備工作共同完成的。其中具有代表性的幾位是「諜報靈通人士」傑夫．史坦、《德國之聲》勇敢出色的記者馬蒂亞斯．布林格、《路透社》記者白賓（Ben Blanchard），以及以色列記者羅南．柏格曼（Ronen Bergman）和約西．梅爾曼（Yossi Melman）分享他們的筆記和通訊錄。我們非常敬佩他們在一個對於軍事和情報題材報導工作有成天不斷審查國家的種種努力。

我們也要感謝德國慕尼黑 Paper Trail Media 的新聞調查同事 Sophia Baumann、Christo Buschek、Corinna Cerruti、Maria Christoph、Anja Hübner、Carina Huppertz、Dajana Kollig、Hannes Munzinger、Ruben Schaar 以及 Hakan Tanriverdi，也感謝德國電視二台（ZDF）的 Ilka Brecht 和 Christian Rohde，以及《明鏡周刊》，尤其是該雜誌的 Melanie Amann、Susanne Amann、Nik Antoniadis、Jörg Diehl、Thorsten Dörting、Georg Fahrion、Roman Höfner、Clemens Höges、Steffen Klusmann、Britta Kollenbroich、Kathrin Kuntz、Roman Lehberger、Maximilian Popp、Julia Prosinger、Mathieu von Rohr、Christoph Scheuermann、Claudia Stodte、Özlem Topçu 以及 Bernhard Zand。

特別要感謝巴伐利亞廣播公司（Bayerischer Rundfunk）的 Astrid Harms-Limmer、Stephan Keicher、Sonja Scheider、Stefan Meining 以及 Michael Auer、Ralph Zipperlen 還有 Stefanie Barnes 多年來和我們一同拍攝德法公共電視台（ARTE）關於卡爾・李的紀錄片。該片的標題「通緝：全世界最危險軍火商」（Wanted – Der gefährlichste Waffenhändler der Welt）與本書同時問世。此外也感謝德法公共電視台在史特拉斯堡編輯群的 Natalie Amiri、德國公共廣播聯盟（ARD）前伊朗通訊記者，以及巴伐利亞廣播公司記者 Ulrich Hagmann 在面對中國外長時的不屈不撓。

同時感謝《南德日報》（*Süddeutsche Zeitung*）許多卓越的記者同業多年來與我們三人的合作。

我們要感謝 Marc Bauder、Daniel Sager 以及 Börres Weiffenbach 三位的體諒，多年來始終不向外界披露。

感謝 Kiepenheuer & Witsch 出版社，沒有別的出版社能像你們一樣對於這麼艱難的調查報導一點也未望而卻步，也感謝本書的編輯 Martin Breitfeld，打從一開始就對本書抱持信心，寫作過程中的風風雨雨始終一路相伴，為我們指引明路。謝謝那些巧克力、花、咖啡，以及耳提面命和鼓勵，還有偶爾的……告誡。這一切都是我們迫切所需。

謝謝我們的家人，永遠感謝你們的耐心、支持和諒解。

作者的話

本書我們採訪了許多專家，飛遍全球，跑遍中國東南西北。如果也能前往伊朗一訪那就更完美了，可惜行前被人勸退。伊朗行風險太高，遭當局羅織間諜罪名指控逮捕種種情事不無可能。我們上一次的伊朗行是數年前持觀光護照入境，但那次行程最後卻以在德黑蘭機場遭到讓人精疲力竭的審訊告終。

同樣的，要是能和以色列情報組織摩薩德、美國中情局、聯邦調查局、德國聯邦情報局以及英國軍情六處正式會晤會更符合我們原先的預期；但這些單位對於我們詢問卡爾・李的問題一概無可奉告。美國國務院、中國外交部以及伊朗外交部也沒有回覆我們的詢問。

另外我們也透過各種管道想和卡爾・李取得聯繫。我們甚至都擬好了採訪的問題，其中詳列四十九個問題，分別寄往他的公司、他弟弟李方東、律師李芳春的地址。我們非常希望聽聽卡爾・李本人對於這許多判決、美方的指控、那五百萬美金懸賞等事怎麼說。我們也寄了許多問題問他，比如他是否真的為美方工作，如果是的話，又是擔任什麼職位。我們更希望能聽到卡爾．李親口回答，他是否在二〇一九年四月遭到逮捕，是否如今已經獲釋。

可惜以上這些信件寄出都如同石沉大海，毫無回音。

參考書目

本書參考了來自世界各地的數百篇報章雜誌的文章。直接引用都已做了標記。為求條理清晰，這份參考書目中僅限於列出書籍、學術論文，以及直接涉及卡爾·李及其活動的文章。

Albright, David (2013): Peddling Peril: How the Secret Nuclear Trade Arms America's Enemies, Free Press, New York.

Allison, Graham (2017): Destined for War: Can America and China escape Thucydides's Trap?, Houghton Mifflin Harcourt, Boston.

Arnold, Aaron/Salisbury, Daniel B. (2019): The Long Arm. How U. S. Law Enforcement Expanded its Extraterritorial Reach to Counter WMD Proliferation Networks, Belfer Center for Science and International Affairs, Cambridge, Massachusetts.

Arrouas, Michelle (2014): Wanted: Li Fangwei, Alias Karl Lee. Reward: $ 5 Million, Time, https://time.com/82221/karl-lee-li-fangwei-wanted-reward/.

Bandurski, David/Hala, Martin (2010): Investigative Journalism in China: Eight Cases in Chinese Watchdog Journalism, Hong Kong University Press, Hongkong.

Becker, Jasper (2007): Dragon Rising: An Inside Look at China Today, Washington, D. C.

Bergman, Ronen (2019): Rise and Kill. The Secret History of Israel's Targeted Assassinations, Random House, New York City.

Bolton, John (2020): Der Raum, in dem alles geschah: Aufzeichnungen des ehemaligen Sicherheitsberaters im Weißen Haus, Das Neue Berlin, Berlin.

Brown, Kerry (2018): Die Welt des Xi Jinping: Alles, was man über das neue China wissen muss, S. Fischer, Frankfurt.

Brunnstrom, David/Lange, Jason (2014): U. S. offers $ 5 Million for Chinese businessman accused of Iran Dealings, Reuters, https://www.reuters.com/article/us-usa-sanctions-iran-idUSBREA3S0KI20140429.

Chang, Jung/Halliday, Jon (2005): Mao. Das Leben eines Mannes. Das Schicksal eines Volkes, Karl Blessing Verlag, München.

Chin, Josh/Lin, Liza (2022): Surveillance State: Inside China's Quest to Launch a New Era of Social Control, St. Martin's Press, New York.

Clover, Charles (2014): Alibaba takes down weaponry listings, Financial Times, https://www.ft.com/content/03b0ec2e-6b67-11e4-9337-00144feabdc0.

Dikötter, Frank (2017): Mao und seine verlorenen Kinder: Chinas Kulturrevolution, Theiss Verlag, Darmstadt.

Dikötter, Frank (2022): China After Mao: The Rise of a Superpower, Bloomsbury Publishing, London.

Feinstein, Andrew (2012): Waffenhandel. Das globale Geschäft mit dem Tod, Hoffmann und Campe, Hamburg.

Fewsmith, Joseph (2021): Rethinking Chinese Politics, Cambridge University Press, Cambridge, Großbritannien.

Follath, Erich/Mascolo, Georg/Stark, Holger (2019): »Wenn einer aufsteht, um dich zu töten, töte ihn zuerst«, Die Zeit, https://www.zeit.de/2019/37/atomabkommen-iran-usa-donaldtrump-vertrag-konflikt/komplettansicht.

Gillard, Nick (2015): Catch Me if you can: The illicit trade network of Daniel Frosch, Proliferation Case Study Series, Project Alpha, London.

Gillard, Nick/Salisbury, Daniel (2015): The Obscure Chinese Businessman Accused of Selling Ballistic Missile Parts to Iran, Vice, https://www.vice.com/en/article/avyeae/the-boring-chinese-businessman-accusedof-selling-ballistic-missile-parts-to-iran-722.

Godsey, Matthew/Lincy, Valerie (2019): Gradual Signs of Change: Proliferation to and from China over Four Decades. In: Strategic Trade Review, Winter/Spring 2019, S. 3-21.

Golden, Daniel (2017): Spy Schools. How the CIA, FBI and Foreign Intelligence Secretly Exploit America's Universities, Henry Holt & Co, New York.

Hamilton, Clive/Ohlberg, Mareike (2020): Die lautlose Eroberung. Wie China westliche Demokratien unterwandert und die Welt neu ordnet, Deutsche Verlags-Anstalt, München.

Jaschek, Stephan (1978): Der Grenzzwischenfall am Ussuri vom 9. Mai 1978. Osteuropa, Vol. 28, No. 11.

Kissinger, Henry (2011): On China, Penguin Books, London.

Kittrie, Orde F. (2016): Lawfare. Law as a Weapon of War, Oxford University Press, Oxford.

Li, Zhisui (1996): Private Life Of Chairman Mao: The Memoirs of Mao's Personal Physician, Arrow, London.

Lim, Louisa (2014): The People's Republic of Amnesia: Tiananmen Revisited, Oxford University Press, New York.

Liu, Daniel (2018): Karl Lee, where is he now?, Project Alpha, London.

Maclean, William/Blanchard, Ben (2013): Chinese trader accused of busting Iran missile embargo, Reuters, https://www.reuters.com/article/us-china-iran-trader-idUSBRE9200BI20130301.

Martin, Peter (2021): China's Civilian Army: The Making of Wolf Warrior Diplomacy, Oxford University Press, New York.

Mattis, Peter/Brazil, Matthew (2019): Chinese Communist Espionage. An Intelligence Primer, Naval Institute Press, Annapolis.

Mazzetti, Mark/Goldman, Adam/Schmidt, Michael S./Apuzzo, Matt (2017): Killing C. I.A. Informants, China Crippled U. S. Spying Operations, New York Times, https://www.nytimes.com/2017/05/20/world/asia/china-cia-spies-espionage.html.

McGregor, Richard (2012): Der rote Apparat: Chinas Kommunisten, Matthes & Seitz, Berlin.

Mehnert, Klaus (1969): Die Schüsse am Ussuri und ihr Echo, Osteuropa, Vol. 19, No. 8.

Morley, Jefferson (2017): Tehran's Chinese Missile Man, The Daily Beast, https://www.thedailybeast.com/tehrans-chinese-missile-man.

Narang, Vipin (2022): Seeking the Bomb: Strategies of Nuclear Proliferation, Princeton University Press, Princeton.

Pei, Minxin (2016): China's Crony Capitalism: The Dynamics of Regime Decay, Harvard University Press, Cambridge, Massachusetts.

Perez, Evan (2014): U. S. targets Chinese businessman, says he supplied parts for Iranian missiles, CNN, https://edition.cnn.com/2014/04/29/politics/china-sanctions-iran/index.html.

Polli, Gert R. (2013): Geheimdienstarbeit in Österreich. Im Spannungsfeld zwischen Politik und Spionageabwehr. In: Österreichisches Jahrbuch für Politik, S. 343-359.

Obermayer, Bastian/Obermaier, Frederik (2016): Panama Papers. Die Geschichte einer weltweiten Enthüllung, Kiepenheuer &Witsch, Köln.

Riegler, Thomas (2018): Österreichs Nachrichtendienste und der »Spionageplatz« Wien: Erkenntnisse aus dem Archiv der DDRStaatssicherheit, JIPSS 1/2018, S. 41-66.

Ritter, Scott (2018): Dealbreaker: Donald Trump and the Unmaking of the Iran Nuclear Deal, Clarity Press, Atlanta.

Roberts, Sean R. (2020): The War on the Uyghurs: China's campaign against Xinjiang's Muslims, Manchester University Press, Manchester.

Rogaski, Ruth (2002): Nature, Annihilation, and Modernity: China's Korean War Germ-Warfare Experience Reconsidered, The Journal of Asian Studies, Vol. 61, No. 2.

Rogin, Josh (2021): Chaos Under Heaven: Trump, Xi, and the Battle for the Twenty-First Century, Mariner Books, New York.

Rosett, Claudia (2015): China's Nuclear Comprador For Iran, Forbes, https://www.forbes.com/sites/claudiarosett/2015/07/10/chinasnuclear-compradore-for-iran/?sh=5c33e256be5e.

Schmucker, Robert/Schiller, Markus (2015): Raketenbedrohung 2.0: Technische und politische Grundlagen, Mittler Verlag, Hamburg.

Schuman, Michael (2021): Die ewige Supermacht. Eine chinesische Weltgeschichte, Propylaen, Berlin.

Shaikh, Shaan (2019): Iranian Missiles in Iraq, Center for Strategic and International Studies, Washington, D. C.

Shaikh, Shaan/Williams, Ian (2018): Hezbollah's Missiles and Rockets, Center for Strategic and International Studies, Washington, D. C.

Shambaugh, David (2021): China's Leaders: From Mao to Now, Polity, Cambridge, Großbritannien.

Shiffman, John (2014): Operation Shakespeare. The True Story of an Elite International Sting, Simon & Schuster Paperbacks, New York.

Shum, Desmond (2022): Chinesisches Roulette: Ein Ex-Mitglied der roten Milliardärskaste packt aus. Der brisante Insiderbericht aus Chinas Elite, Droemer Verlag, München.

Spence, Jonathan D. (2012): The Search for Modern China (Third Edition), Norton & Company, New York.

Stanzel, Angela (2021): Chinas Weg zur Geopolitik. Fallstudie zur chinesischen Iran-Politik an der Schnittstelle zwischen regionalen Interessen und globaler Machtrivalität, Stiftung Wissenschaft und Politik, Berlin.

Stein, Jeff (2015): How China Helped Iran go Nuclear, Newsweek, https://www.newsweek.com/2015/07/31/iran-nuclear-dealchina-karl-lee-353591.html.

Stein, Jeff (2019): New Donald Trump Sanctions Target the Shadowy Chinese Weapons Dealer in China-Iran Ballistic Missile Deals, Newsweek, https://www.newsweek.com/donald-trump-sanctionsweapons-dealer-ballistic-china-iran-missile-1433084.

Stewart, Ian J./Salisbury, Daniel B. (2014): Li Fang Wei (Karl Lee), Proliferation Case Study Series, Project Alpha, London.

Stewart, Ian J./Salisbury, Daniel B. (2014): Wanted: Karl Lee, The Diplomat, https://thediplomat.com/2014/05/wanted-karl-lee/.

Strittmatter, Kai (2018): Die Neuerfindung der Diktatur. Wie China den digitalen Überwachungsstaat aufbaut und uns damit herausfordert, Piper, München.

Torigian, Joseph (2022): Prestige, Manipulation, and Coercion: Elite Power Struggles in the Soviet Union and China After Stalin and Mao, Yale University Press, New Haven.

Tucker, Eric (2014): Chinese man charged with avoiding US sanctions, AP, https://apnews.com/article/029d27b29a8445dc8b1d3dd276c246e8.

Vogel, Ezra F. (2011): Deng Xiaoping and the Transformation of China, Harvard University Press, Cambridge, Massachusetts.

Weathersby, Kathryn (1998): Deceiving the Deceivers: Moscow, Beijing, Pyongyang, and the Allegations of Bacteriological Weapons Use in Korea, Bulletin of the Cold War International History Project 11.

Williams, Ian/Shaikh, Shaan (2020): The Missile War in Yemen, Center for Strategic and International Studies, Washington, D. C.

Zetter, Kim (2015): Countdown to Zero Day: Stuxnet and the Launch of the World's First Digital Weapon, Crown, New York City.

Zhensheng, Li/Bauer, Martina (2003): Roter Nachrichtensoldat. Ein chinesischer Fotograf in den Wirren der Kulturrevolution. Fotografien und Texte von Li Zhensheng, Phaidon, Berlin.

國家圖書館出版品預行編目資料

追獵死亡商人：從一個中國軍火商窺探全球武器黑市的祕密/巴斯提昂.歐伯邁爾(Bastian Obermayer), 弗雷德瑞克.歐伯麥爾(Frederik Obermaier), 菲利普.居爾(Philipp Grüll), 顧思福(Christoph Giesen)著；顏涵銳譯. -- 初版. -- 臺北市：商周出版：英屬蓋曼群島商家庭傳媒股份有限公司城邦分公司發行, 2024.02

面；　公分. -- (生活視野；41)

譯自：Die Jagd auf das chinesische Phantom：Der gefährlichste Waffenhändler der Welt oder: Die Ohnmacht des Westens.

ISBN 978-626-318-997-3 (平裝)

1.CST: 李方偉 2.CST: 傳記

782.886　　　112021373

追獵死亡商人：從一個中國軍火商窺探全球武器黑市的祕密

Die Jagd auf das chinesische Phantom: Der gefährlichste Waffenhändler der Welt oder: Die Ohnmacht des Westens

作　　者／巴斯提昂・歐伯邁爾Bastian Obermayer、弗雷德瑞克・歐伯麥爾Frederik Obermaier、菲利普・居爾Philipp Grüll、顧思福Christoph Giesen
譯　　者／顏涵銳
責任編輯／余筱嵐

版　　權／林易萱、吳亭儀
行銷業務／林秀津、周佑潔、賴正祐
總 編 輯／程鳳儀
總 經 理／彭之琬
事業群總經理／黃淑貞
發 行 人／何飛鵬
法律顧問／元禾法律事務所王子文律師
出　　版／商周出版
臺北市104民生東路二段141號9樓
電話：(02) 25007008　傳真：(02)25007759
E-mail:bwp.service@cite.com.tw
發　　行／英屬蓋曼群島商家庭傳媒股份有限公司城邦分公司
台北市中山區民生東路二段141號2樓
書虫客服服務專線：02-25007718；25007719
服務時間：週一至週五上午09:30-12:00；下午13:30-17:00
24小時傳真專線：02-25001990；25001991
劃撥帳號：19863813；戶名：書虫股份有限公司
讀者服務信箱：service@readingclub.com.tw
城邦讀書花園：www.cite.com.tw
香港發行所／城邦（香港）出版集團有限公司
香港九龍九龍城土瓜灣道86號順聯工業大廈6樓A室　E-mail: hkcite@biznetvigator.com
電話：(852) 25086231　傳真：(852) 25789337
馬新發行所／城邦（馬新）出版集團【Cite (M) Sdn Bhd】
41, Jalan Radin Anum, Bandar Baru Sri Petaling, 57000 Kuala Lumpur, Malaysia.
電話：(603) 90578822　傳真：(603) 90576622
Email: cite@cite.com.my

封面設計／陳文德
排　　版／芯澤有限公司
印　　刷／韋懋印刷事業有限公司
總 經 銷／聯合發行股份有限公司
電話：(02)2917-8022　傳真：(02)2911-0053
地址：新北市231新店區寶橋路235巷6弄6號2樓

■2024年2月5日初版
定價480元　　Printed in Taiwan

城邦讀書花園
www.cite.com.tw

 ISBN 978-626-318-997-3

商周出版

廣	告	回	函
北區郵政管理登記證			
北臺字第000791號			
郵資已付，免貼郵票			

104　台北市民生東路二段141號2樓

英屬蓋曼群島商家庭傳媒股份有限公司城邦分公司　收

請沿虛線對摺，謝謝！

商周出版

書號：BH2041　書名：追獵死亡商人　編碼：

請於此處用膠水黏貼

商周出版

讀者回函卡

感謝您購買我們出版的書籍！請費心填寫此回函卡，我們將不定期寄上城邦集團最新的出版訊息。

線上版讀者回函卡

姓名：________________________ 性別：□男 □女

生日：西元__________年__________月__________日

地址：________________________

聯絡電話：__________________ 傳真：__________________

E-mail ：

學歷：□ 1. 小學 □ 2. 國中 □ 3. 高中 □ 4. 大學 □ 5. 研究所以上

職業：□ 1. 學生 □ 2. 軍公教 □ 3. 服務 □ 4. 金融 □ 5. 製造 □ 6. 資訊

□ 7. 傳播 □ 8. 自由業 □ 9. 農漁牧 □ 10. 家管 □ 11. 退休

□ 12. 其他________________________

您從何種方式得知本書消息？

□ 1. 書店 □ 2. 網路 □ 3. 報紙 □ 4. 雜誌 □ 5. 廣播 □ 6. 電視

□ 7. 親友推薦 □ 8. 其他________________________

您通常以何種方式購書？

□ 1. 書店 □ 2. 網路 □ 3. 傳真訂購 □ 4. 郵局劃撥 □ 5. 其他______

您喜歡閱讀那些類別的書籍？

□ 1. 財經商業 □ 2. 自然科學 □ 3. 歷史 □ 4. 法律 □ 5. 文學

□ 6. 休閒旅遊 □ 7. 小說 □ 8. 人物傳記 □ 9. 生活、勵志 □ 10. 其他

對我們的建議：________________________

____

____

【為提供訂購、行銷、客戶管理或其他合於營業登記項目或章程所定業務之目的，城邦出版人集團（即英屬蓋曼群島商家庭傳媒（股）公司城邦分公司、城邦文化事業（股）公司），於本集團之營運期間及地區內，將以電郵、傳真、電話、簡訊、郵寄或其他公告方式利用您提供之資料（資料類別：C001、C002、C003、C011 等）。利用對象除本集團外，亦可能包括相關服務的協力機構。如您有依個資法第三條或其他需服務之處，得致電本公司客服中心電話 02-25007718 請求協助。相關資料如為非必要項目，不提供亦不影響您的權益。】

1.C001 辨識個人者：如消費者之姓名、地址、電話、電子郵件等資訊。

2.C002 辨識財務者：如信用卡或轉帳帳戶資訊。

3.C003 政府資料中之辨識者：如身分證字號或護照號碼（外國人）。

4.C011 個人描述：如性別、國籍、出生年月日。

請於此處用膠水黏貼